Wichtiger Hinweis

Die in diesem Buch wiedergegebenen Verfahren und Programme werden ohne Rücksicht auf die Patentlage mitgeteilt. Sie sind für Amateur- und Lehrzwecke bestimmt.

Alle technischen Angaben und Programme in diesem Buch wurden vom Autor mit größter Sorgfalt erarbeitet bzw. zusammengestellt und unter Einschaltung wirksamer Kontrollmaßnahmen reproduziert. Trotzdem sind Fehler nicht ganz auszuschließen. DATA BECKER sieht sich deshalb gezwungen, darauf hinzuweisen, dass weder eine Garantie noch die juristische Verantwortung oder irgendeine Haftung für Folgen, die auf fehlerhafte Angaben zurückgehen, übernommen werden kann. Für die Mitteilung eventueller Fehler ist der Autor jederzeit dankbar.

Wir weisen darauf hin, dass die im Buch verwendeten Soft- und Hardwarebezeichnungen und Markennamen der jeweiligen Firmen im Allgemeinen warenzeichen-, marken- oder patentrechtlichem Schutz unterliegen.

Vorwort

ADSL ist eine neue Highspeed-Internettechnik, die in den letzten Jahren auch für Privatanwender interessant wurde, weil die Preiskategorie für jedermann erschwinglich geworden ist. Das ist ein wichtiger Punkt bei DSL-Angeboten, da es superschnelle Standleitungen für zigtausend Euro im Monat schon seit vielen Jahren gibt, die Sie sich als Privatanwender sicherlich nicht geleistet hätten. Das gilt natürlich genauso für kleine und mittelständische Unternehmen.

Während man bei ISDN neben einer Internetnutzung auch Telefone, Faxgeräte und TK-Anlagen beschreiben kann, ist es bei ADSL-Technik eher interessant, einen größeren Schwerpunkt auf den Internetaspekt zu legen. Mit Euro-ISDN haben Sie eine klar definierte Technik, deren Aussagen weltweit gesehen nicht mehr so interessant sind. In Amerika hat ISDN keinen derartigen Stellenwert wie in Europa und speziell in Deutschland.

ADSL ist dagegen weltweit vertreten, allerdings in verschiedenen Varianten, die sich nicht nur in unterschiedlichen Geschwindigkeiten, sondern auch in technischen Details wie z. B. „ADSL over POTS" oder „ADSL over ISDN" unterscheiden. Auch bei der Ansteuerung von ADSL gibt es unterschiedliche Methoden: „DHCP", „PPP over ATM", „PPP over Ethernet", „PPTP" etc.

Ich habe mit Sorgfalt darauf geachtet, dass ein Buch über ADSL keine Werbebroschüre eines Anbieters ist. Das macht allerdings Formulierungen über ADSL komplexer als bei einem klar definierten Produkt. Auch wenn die Anfangsgeschichte von ADSL in Deutschland fest mit T-DSL und T-Online als erstem ADSL-Provider verbunden ist, können Sie mittlerweile aus einer großen Liste weiterer ADSL-Anbieter auswählen.

Bei ADSL beschäftigen sich viel mehr Anwender mit Mehrplatzlösungen und Internetanwendungen als bei ISDN. Die dabei auftretenden Probleme, die gar nicht ADSL-spezifisch sind, werden oft ADSL zugeschrieben. Immer wieder werden dieselben Fragen über das Faxen, Telefonieren sowie Onlinebanking etc. mit einem ADSL-Anschluss gestellt, die unnötig sind, wenn Sie ADSL einfach als einen reinen, superschnellen Ersatz Ihres bisherigen Internetzugangs verstehen.

Ich wünsche Ihnen viel Erfolg und vor allem viel Spaß mit ADSL.

Christian Peter, September 2001

Inhaltsverzeichnis

So bekommen Sie ADSL 11

Was ist ADSL, was ist T-DSL?	11
Was kann ADSL, was nicht?	12
Was Sie erfüllen müssen, um überhaupt an ADSL anschließbar zu sein	13
Welche Hardware Ihnen gestellt wird	14
Welche Hardware Sie noch kaufen müssen	15
Wo Sie ADSL bekommen und welche Vorarbeiten eventuell notwendig sind	19
Die Auswahl des Anbieters	20
ADSL beauftragen	22

ADSL-Technik anschließen 23

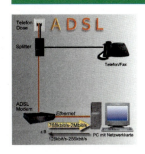

ADSL-Ausstattung	23
So sieht eine typische ADSL-Schaltung aus	24
ADSL anschließen und testen	26

ADSL optimal installieren und konfigurieren 32

Netzwerkkarte ohne Einbau: Zauberwort USB oder PCMCIA	32
Netzwerkkarte einbauen: Hinweise und Tipps	39
Einrichten und Testen der Netzwerkkarte	44
Einwahlsoftware des Providers benutzen	49
Einwahl mit Bordmitteln	50

Den ADSL-PC sicher machen … **61**

Was gibt es für Sicherheitsprobleme? ………………………………	61
Richtige Netzwerkeinstellungen vornehmen und Konfiguration minimalisieren ………………………………………	63
Firewalls und andere Sicherheitstools…………………………………	66
Der alltägliche Widerspruch: Sicherheit und Flexibilität ………	68
Die Sicherheit checken: im Internet und mit Tools ……………	69

Den ADSL-Anschluss nutzen … **74**

Schneller einwählen ……………………………………………………	74
Wie Sie Hänger beheben, die seit der ADSL-Installation neu sind …………………………………………………………………	79
Wie Sie den PC schneller booten lassen …………………………	82
Warum „friert" die Verbindung nach einer gewissen Surfdauer ein? ……………………………………………………………	83
Wie schnell sind Sie wirklich? ………………………………………	85
ADSL schneller machen? – Wann Tuning Sinn macht …………	93
Lange Wartezeiten bei einigen Internetseiten …………………	97
Einwahlprobleme und Verbindungsabbrüche ……………………	100
Downloadstrategien – Die Bandbreite optimal nutzen ………	101
Dateien austauschen mit ADSL ………………………………………	103
ISDN und ADSL gemeinsam an einem PC nutzen ………………	109
Was beim Onlinespielen mit ADSL zu beachten ist……………	111

Den ADSL-Anschluss auf mehreren PCs nutzen … **114**

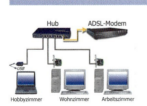

ADSL auf mehrere PCs verteilen ……………………………………	114
ADSL auf mehreren PCs gleichzeitig nutzen: Voraussetzungen ………………………………………………………	116
Die kostenlose Mitsurfvariante………………………………………	120
ADSL freigeben …………………………………………………………	125
Wie die Profis: Die Vorteile eines ADSL-Routers ………………	129
Internetanwendungen im Heimnetzwerk …………………………	132
Onlinespielen im Heimnetzwerk –So geht's………………………	135

Wo ist die Internetseite von GMX hin? Probleme beheben	136
Einschränkungen der vorgestellten Mehrplatzlösungen	137
Sicherheit vor Internetangreifern – Wie Sie ihr Heimnetzwerk schützen können	138

Fragen, Antworten & mehr **141**

Stichwortverzeichnis **154**

So bekommen Sie ADSL

Was ist ADSL, was ist T-DSL?

ADSL

ADSL steht für **A**symmetric **D**igital **S**ubscriber **L**ine und bedeutet nichts anderes als eine Highspeed-Technologie fürs Internet, die über gewöhnliche und vor allem bereits vorhandene Kupferkabel (Telefonleitung) realisiert werden kann. ADSL ist eine asymmetrische DSL-Art. Das bedeutet einfach, dass der Datenstrom vom Internet (Download) größer als der Datenstrom ins Internet (Upload) ist.

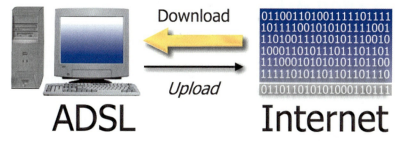

Die Grundidee des größeren Downloads ist, dass Sie als Surfer im Normalfall wesentlich mehr Daten aus dem Internet herrunter- als ins Internet hochladen. Je größer der Downstream ist, desto schneller werden Sie HTML-Dateien, Bilder etc. herunterladen können. Das kann im Internet ganz andere Möglichkeiten eröffnen. Mit ADSL lassen sich maximal 8 MBit/s vom Internet runter- und 768 KBit/s raufladen.

Damit Sie eine ungefähre Vorstellung davon bekommen, wie schnell eine Downloadgeschwindigkeit von 8 MBit/s im Internet ist, setze ich das einmal in das Verhältnis zu einem 56k-Modem bzw. zu ISDN: Das ist ungefähr 150-mal schneller als ein 56k-Modem und 128-mal schneller als ISDN (1 B-Kanal à 64.000 Bit/s).

Bei der Frage, wie schnell ADSL sein kann, ist entscheidend, wie weit der ADSL-Kunde von der ADSL-Vermittlungsstelle entfernt ist. Diese Entfernung liegt im Kilometerbereich und muss kleiner sein, je schneller das ADSL sein soll. Die üblichen ADSL-Geschwindigkeiten, die Sie bezahlen können, liegen derzeit in

So bekommen Sie ADSL

Deutschland im Schnitt bei einer Downloadgeschwindigkeit von 768 KBit/s bis 1 MBit/s und gehen rauf bis 2 MBit/s, z. B. beim HanseNet, www.hansenet.de (lokaler Anbieter in Hamburg).

T-DSL

T-DSL ist nichts anderes als der Name für ADSL-Angebote der Deutschen Telekom. So wie die Deutsche Telekom ihr ISDN T-ISDN nennt, ist auch ganz einfach der Markenname T-DSL zu sehen. Sie können T-DSL sowohl für einen analogen Telefonanschluss als auch für ISDN bekommen. Die momentane Geschwindigkeit beträgt hierbei 768 KBit/s Downstream- und 128 KBit/s Upstreamgeschwindigkeit, kurz T-DSL ist ein (768 kbps/128 kbps)-ADSL.

Was kann ADSL, was nicht?

ADSL ist eher mit einer Standleitung als mit einer Telefonverbindung vergleichbar. Da Sie bei ADSL (bisher) keine Direktverbindung aufbauen können wie mit einer Telefon- oder ISDN-Verbindung, ohne den Umweg über das Internet zu machen, können Sie Ihre üblichen Geräte und Programme für eine Telefonverbindung nicht benutzen.

> **ADSL ersetzt nicht vollständig Ihr Modem**
>
> Das bedeutet also, dass Sie bei ADSL Ihre ISDN-Karte oder Ihr 56k-Modem nicht unbedingt ausrangieren sollten. Das Gleiche gilt natürlich auch für Ihr Faxgerät. Sehen Sie einfach einen ADSL-Zugang als Highspeed-Ersatz Ihres bisherigen Internetzugangs an.

Ich habe bewusst diese zentrale Eigenschaft von ADSL ganz an den Anfang dieses Buchs gestellt, damit Sie bereits im Vorfeld wissen, was Sie auch bei einem ADSL-Anschluss weiter verwenden werden oder sogar müssen.

Eine zweite Annahme, die im Zusammenhang mit ADSL immer wieder gemacht wird, ist, dass es aufgrund der hohen Geschwindigkeit ideal für Videokonferenzen, Bildtelefonie etc., aber auch für das Betreiben eines Web- oder FTP-Servers geeignet sei. Leider ist das nicht so:

Solange sich die beiden PCs z. B. bei (768 kbps/128 kbps)-ADSL nicht direkt miteinander verbinden, kann jeder von beiden mit maximaler Downloadgeschwindigkeit Daten aus dem Internet empfangen, was die gelben Pfeile andeuten sollen:

Was Sie erfüllen müssen, um überhaupt an ADSL anschließbar zu sein

Treten nun die beiden ADSL-PCs in Verbindung, dann muss ja der eine die Daten uploaden, die der andere downlädt:

In diesem Fall ist es in beiden Richtungen nur möglich, eine Geschwindigkeit von maximal 128 KBit/s zu erreichen. Betroffen von dieser ADSL-Schwäche sind also alle Anwendungen, die eine gleich- bzw. ähnlichgroße Geschwindigkeit in beiden Richtungen, also vom und zum Internet, benötigen: Datenaustausch zwischen 2 ADSL-PCs, Webserver, FTP-Server, Videokonferenzen etc.

Was Sie erfüllen müssen, um überhaupt an ADSL anschließbar zu sein

Sie dürfen nicht zu weit in Ihrer Stadt bzw. Dorf von der nächsten ADSL-Vermittlungsstelle entfernt sein. Da Sie das natürlich nicht wissen können, erkundigen Sie sich am besten bei ADSL-Anbietern, die Sie in Erfahrung bringen können, ob ADSL für Ihre Stadt und speziell für Ihre Straße verfügbar ist.

Einen guten Überblick über ADSL-Anbieter/-Provider können Sie z. B. im Internet unter www.onlinekosten.de sehen. Auch bei www.heise.de finden Sie in der Regel Anbieterlisten bzw. Neuigkeiten auf dem ADSL-Markt.

Haben Sie dann mehrere ADSL-Anbieter gefunden, versuchen Sie die Verfügbarkeit des jeweiligen ADSL in Ihrer Stadt bzw. genau in Ihrer Straße in Erfahrung zu bringen. Dazu gibt es oft eine Onlinedatenbankabfrage des jeweiligen Anbieters, die Ihnen weiterhelfen kann.

So bekommen Sie ADSL

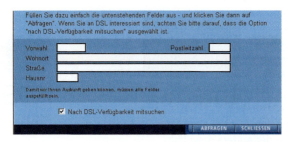

Leider reicht das Wissen, dass ein bestimmter ADSL-Anbieter bereits in Ihrer Stadt vertreten ist, für die Verfügbarkeit noch nicht aus.

Als zweite wichtige Voraussetzung sollten Sie nicht an einem Glasfasernetz angeschlossen sein. ADSL ist eine Technologie, die nur mit Kupferkabeln funktioniert.

Welche Hardware Ihnen gestellt wird

In der Regel bekommen Sie die ADSL-Technik von Ihrem ADSL-Anbieter gestellt: ein externes ADSL-Modem ...

... und eine Frequenzweiche, einen so genannten (passiven) Splitter.

Solche Splitter werden für ADSL auf einer analogen Telefonleitung und auch für ADSL auf einer ISDN-Leitung benutzt und sollen für eine störungsfreie Trennung beider Signale sorgen.

Welche Hardware Sie noch kaufen müssen

> **Info**
>
> **Wartezeiten aufgrund von Lieferproblemen der ADSL-Technik**
>
> Leider zeigt sich in der letzten Zeit bei dem großen Ansturm der Neukunden bei den entsprechenden ADSL-Anbietern, dass es zum Teil lange Wartezeiten gibt, weil die benötigte Technik, hauptsächlich das externe ADSL-Modem, nicht schnell genug nachgeliefert werden kann. Je nach ADSL-Anbieter werden nur ein oder mehrere Modelle zum Teil verschiedener Hersteller benutzt. Leider lassen sich ADSL-Modems nicht beliebig verwenden, sondern sie müssen kompatibel zur verwendeten Technik in der ADSL-Vermittlungsstelle sein.

Ich bin ganz sicher, dass in Sachen ADSL-Modems schon genügend Firmen in den Startlöchern sitzen. Interne und externe ADSL-Modems, die sich der ADSL-Kunde selbst besorgt, werden in anderen Ländern bereits schon länger eingesetzt. Hier sehen Sie z. B. ein internes ADSL-Modem der Firma AVM.

Diese PCI-Steckkarte enthält nebenbei noch einen ISDN-Controller. Technisch gesehen, erfüllt ein solches internes ADSL-Modem alle Voraussetzungen, um bei heute üblichen ADSL-Varianten verwendet zu werden, also auch bei T-DSL oder vergleichbarem ADSL.

Welche Hardware Sie noch kaufen müssen

Sie brauchen für ADSL eine Netzwerkkarte (Ethernet-Netzwerkkarte), um das ADSL-Modem anzusteuern. Das sollte eine Netzwerkkarte sein, die die Geschwindigkeit von 10 MBit/s beherrscht, also eine reine 10-MBit/s- oder eine 10/100-MBit/s-Karte, und die einen so genannten RJ45-Anschluss besitzt.

> **Info**
>
> **Ansteuerung des ADSL-Modems**
>
> Als weitere Ansteuerung besitzen ADSL-Modems einen so genannten ATM-Anschluss. Das setzt allerdings das Vorhandensein einer ATM-Karte bzw. ATMF-Anschlusses in Ihrem PC voraus. ATM (**A**synchronous **T**ransfer **M**ode) ist eine bewährte Hochleistungstechnik, die üblicherweise Daten bis zu einer Geschwindigkeit von 155 MBit/s überträgt. Für die Ansteuerung von ADSL-Modems wird dann eine ATM25-Karte (25 MBit/s) benutzt. Diese Ansteuerung ist bei den preiswerten ADSL-Arten (auf einer Telefonleitung/ISDN-Leitung) wie T-DSL oder vergleichbarem ADSL nicht üblich, sondern findet bei Angeboten wie T-ATM/dsl Verwendung.
> Zu guter Letzt gibt es auch ADSL-Modems, die über USB angesteuert werden und die dann einfach eine virtuelle Netzwerkkarte emulieren.

So bekommen Sie ADSL

Falls Sie nicht bereits einen solchen Anschluss eingebaut haben, wie z. B. bei einem Laptop mit integrierter Ethernet-Karte, haben Sie folgende Möglichkeiten:

Interne Lösungen (Einbau einer Netzwerkkarte erforderlich)

Anschluss	Vorteil	Nachteil
Interne Netzwerkkarten:		
für Verkabelung	wird in der Regel von allen Betriebssystemen unterstützt und ist am schnellsten, zuverlässigsten und am billigsten	Einbau und noch freier Steckplatz und unter Umständen noch ein freier IRQ erforderlich
Funknetzwerkkarte nach IEEE 802.11b zum Einbauen (benötigt noch eine Wireless PC Card, siehe unten)	wird in der Regel von allen Betriebssystemen unterstützt. Alternative zu einer möglichen, teureren Neuverkabelung zu einem (oder mehreren) PC	Einbau und noch freier Steckplatz und unter Umständen noch ein freier IRQ erforderlich. Geschwindigkeit nimmt mit der Entfernung und den Empfangsbedingungen (Stahlbeton etc.) zur Basisstation ab (maximal 11 MBit/s schnell). Abhörsicherheit nicht 100 % garantierbar, auch nicht bei so genannter WEP-Kodierung. hohe Kosten

Externe Lösungen

Anschluss	Vorteil	Nachteil
USB-Lösungen		
USB-Ethernet-Adapter	kein Einbau erforderlich und benötigt keinen zusätzlichen IRQ	eingeschränkte Betriebssystemunterstützung, erfordert USB-Tauglichkeit des Betriebssystems. teurer als interne Netzwerkkarte

Welche Hardware Sie noch kaufen müssen

Anschluss	Vorteil	Nachteil
USB-Hub mit Ethernet-Anschluss	kein Einbau erforderlich und benötigt keinen zusätzlichen IRQ	eingeschränkte Betriebssystemunterstützung, erfordert USB-Tauglichkeit des Betriebssystems, teurer als interne Netzwerkkarte
PCMCIA-Lösungen (meistens nur für Laptops)		
für Verkabelung	wird in der Regel von fast allen Betriebssystemen unterstützt, bringt noch größere Geschwindigkeit als über USB	bereitet unter Umständen Probleme bei ADSL-Treibern (PPPoE), gut für eine Mehrplatzlösung geeignet
als Wireless PC Card:	wird in der Regel von allen Betriebssystemen unterstützt. Alternative zu einer möglichen, teureren Neuverkabelung zu einem oder mehreren PCs	bereitet unter Umständen Probleme bei ADSL-Treibern (PPPoE), gut für eine Mehrplatzlösung geeignet. unter Umständen noch ein freier IRQ erforderlich. Geschwindigkeit nimmt mit der Entfernung und den Empfangsbedingungen (Stahlbeton etc.) zur Basisstation ab (maximal 11 MBit/s schnell). Abhörsicherheit nicht 100 % garantierbar, auch nicht bei so genannter WEP-Kodierung. hohe Kosten

Info

Wie abhörsicher sind Funknetzwerke nach IEEE 802.11b?

Bei Wireless-LAN-Komponenten können Sie die Funkdaten von der Netzwerkkarte zur Basisstation mit einem 128-Bit-Schlüssel durch die so genannte WEP-Kodierung (**W**ired **E**quivalent **P**rivacy) verschlüsseln. Das schützt die Funkverbindung vor Abhörversuchen. Eine unkodierte Funkverbindung ist heutzutage nicht zu empfehlen.

T-DSL & ADSL - 17

So bekommen Sie ADSL

> **Info**
>
> Der Vollständigkeit wegen möchte ich Ihnen nicht verschweigen, dass es auch Stimmen gibt, die die Sicherheit einer Funkverbindung auch mit WEP-Kodierung bei IEEE 802.11 und IEEE 802.11b in Frage stellen. Das können Sie z. B. unter http://news.cnet.com/news/0-1004-200-6773189.html oder auch unter http://www.isaac.cs.berkeley.edu/isaac/wep-faq.html im Internet nachlesen.
>
> Tipp für Experten: Die Sicherheit beim Einsatz von Funkkomponenten lässt sich auf einer höheren Protokollebene, z. B. durch Einsatz von IPSec, verbessern. Sie sollten bei sehr hohen Sicherheitsanforderungen, also nicht im Heimanwenderbereich, am besten Funknetzwerke von vertrauenswürdigeren Netzwerken physikalisch trennen (durch zwei getrennte Segmente) und durch eine Firewall besonders schützen, vergleichbar zur so genannten **D**e**m**ilitarisierten **Z**one (DMZ).
>
> Für den reinen Einsatz von Funknetzwerkkomponenten mit WEP-Kodierung zum Surfen gibt es allerdings keine größeren Vorbehalte als für die Internetbenutzung an sich. Nach der Funkstrecke gibt es im Internet ganz andere Möglichkeiten, Verbindungen zu belauschen. Wenn Sie wegen der Sicherheitsproblematik von Funknetzwerken übervorsichtig sind, dann lassen Sie eben Ihr Heimnetzwerk nicht über Funk laufen, sondern nur Ihren ADSL-Anschluss.

Der Grund für die Empfehlung, eine Netzwerkkarte zu benutzen, die auch die Geschwindigkeit von 10 MBit/s beherrscht, liegt darin, dass ADSL-Modems in der Regel eine einfache Ethernet-Schnittstelle eingebaut haben und deshalb mit der Geschwindigkeit von 100 MBit/s nichts anfangen können. Deshalb darf im Allgemeinen keine reine 100-MBit/s-Netzwerkkarte verwendet werden. Davon abweichende Details erfahren Sie von Ihrem künftigen ADSL-Anbieter.

> **Info**
>
> **Tipps für die Verwendung von USB-Geräten für ADSL und ISDN**
>
> Falls Sie USB-Komponenten verwenden möchten, brauchen Sie natürlich die USB-Unterstützung Ihres PCs und der verwendeten Software. Als Betriebssystem sollten Sie hier also nicht Windows 95 oder Windows NT 4.0 verwenden. Falls Sie bei der gleichzeitigen Verwendung von ISDN und ADSL ein USB-Gerät verwenden möchten, weil kein Platz mehr für den Einbau einer Netzwerkkarte neben u. a. einer ISDN-Karte ist, haben Sie auch die Möglichkeit, nicht ADSL, sondern ISDN über USB anzusteuern in Form eines USB-ISDN-Adapters oder einer externen ISDN-Lösung, z. B. einer ISDN-Telefonanlage (USB). Da die Geschwindigkeiten bei USB-Geräten (nicht USB 2.0) derzeit nicht allzu groß sind, macht es eher Sinn, ISDN und nicht ADSL über USB zu betreiben. Das ist für zukünftige ADSL-Varianten nicht nur ein Schnelligkeitsargument: Praxiserfahrungen haben klar gezeigt, dass sich für eine Dauerlösung qualitativ hochwertige, fest eingebaute Netzwerkkarten in puncto Geschwindigkeit, Stabilität und auch Zuverlässigkeit am besten bewährt haben.

Wo Sie ADSL bekommen

Bei einigen ADSL-Anbietern gibt es auch solche Ethernet-Lösungen zu einem Spottpreis zu beziehen, sozusagen als Geste für einen Neukunden. Sie müssen allerdings solche Angebote nicht wahrnehmen. Sie können sich eine beliebige Ethernet-Lösung, die die obige Bedingung erfüllt, selbst aussuchen bzw. eine bereits vorhandene benutzen.

Wo Sie ADSL bekommen und welche Vorarbeiten eventuell notwendig sind

Falls Sie ADSL benutzen möchten, brauchen Sie immer einen ADSL-Anbieter, also eine Telefongesellschaft, die Ihnen den Anschluss zur Verfügung stellt, und einen ADSL-Provider, der Ihnen den Zugang zum Internet ermöglicht. Dabei können Sie entweder ein Angebot eines lokalen ADSL-Anbieters oder auch eines bundesweit verfügbaren wahrnehmen. In Hamburg werden Sie also eher das ADSL-Angebot von HanseNet mit 2 MBit/s wahrnehmen als T-DSL mit bisher 768 KBit/s. Beispiele für ADSL-Anbieter/-Provider sind:

ADSL-Provider	ADSL-Anbieter	Downstream	Upstream
T-Online International	T-DSL	768 KBit/s	128 KBit/s
1&1 Internet	T-DSL	768 KBit/s	128 KBit/s
SurfEU	T-DSL	768 KBit/s	128 KBit/s
Inter.net Germany (snafu)	T-DSL	768 KBit/s	128 KBit/s
AOL	T-DSL	768 KBit/s	128 KBit/s
Arcor	ArcorDSL (768)	768 KBit/s	128 KBit/s

Weitere mehr oder weniger gut verfügbare Anbieter – in alphabetischer Reihenfolge – sind:

ADSL-Provider	ADSL-Anbieter	Downstream	Upstream
HanseNet (nur Hamburg)	HanseNet-DSL	2 MBit/s	192 KBit/s
KomTel (Flensburg)	KomTel-DSL	128-768 KBit/s	128 KBit/s
Mobilcom	Highspeed-DSL	768 KBit/s	128 KBit/s
Mobilcom	Turbo-DSL	1 MBit/s	128 KBit/s
NetCologne (Köln/Bonn)	NetDSL	1 MBit/s	128 KBit/s
NGI	NGI DSL	1 MBit/s	256 KBit/s
o.tel.o	o.tel.o DSL	768 KBit/s	128 KBit/s

So bekommen Sie ADSL

ADSL-Provider	ADSL-Anbieter	Downstream	Upstream
QSC	Q-DSL	1 MBit/s	128 KBit/s
Speed21	Speed21-DSL	1 MBit/s	128 KBit/s
Streamgate (siehe Yahoo)	Streamgate-DSL	1 MBit/s	128 KBit/s
Versatel	Versatel-DSL	1 MBit/s	256 KBit/s
Yahoo	Yahoo! DSL	1 MBit/s	128 KBit/s

> **Info — Weitere ADSL-Anbieter**
>
> Betrachten Sie die obigen Listen nicht als vollständig, sondern nur als herausgegriffene Beispiele. Da sich ständig ADSL-Angebote ändern und neue Anbieter hinzukommen, verschaffen Sie sich am besten einen aktuellen Überblick im Internet z. B. unter www.onlinekosten.de.

Wenn Sie ein ADSL-Angebot von einem anderen Unternehmen als Ihrer bisherigen Telefongesellschaft (z. B. der Deutschen Telekom) nutzen möchten, ohne Ihren bisherigen Telefonanschluss zu kündigen, wird Ihnen einfach eine zweite Telefondose (TAE = Telefonanschlusseinheit) gesetzt, was ein Techniker der Deutschen Telekom vornehmen wird, weil die Deutsche Telekom die „letzte

Meile bis zum Kunden" besitzt. Hierbei können oft Reserveadern in der bereits vorhandenen Telefonleitung benutzt werden, was Ihnen eine Neuverkabelung erspart. Das sind auf jeden Fall zu erwartende Vorarbeiten. Weiterer Installationsaufwand ist zu erwarten, wenn z. B. Ihre Telefone weiter entfernt sind als die Stelle, an der der PC an das ADSL-Modem angeschlossen werden soll.

Die Auswahl des Anbieters

Bei der Fülle der ADSL-Anbieter und -Provider ist es möglicherweise schwer für Sie, das geeignete Angebot zu finden. In der folgenden Tabelle sind einige Auswahlkriterien zusammengefasst, die Ihnen weiterhelfen können:

Kriterium	Merkmale	Bemerkung
Performance	Download, z. B.: 768 KBit/s bis 2 MBit/s Upload, z. B.: 128 KBit/s bis 256 KBit/s	Die ADSL-Performance kann ein Hauptkriterium sein. Das interessiert mich z. B. als ADSL-Freak in erster Linie und nicht der genaue Tarif.

Die Auswahl des Anbieters

Kriterium	Merkmale	Bemerkung
Pingzeiten/ Latenzzeiten	besser/schlechter als bei ISDN (Interleaving)	Die Pingzeiten sind Merkmale des ADSLs und hauptsächlich für Onlinespieler interessant. Bei manchen ADSL-Anbietern wird das so genannte Interleaving-Verfahren eingesetzt, das benutzt wird, um einen ADSL-Anschluss robuster gegen Übertragungsstörungen zu machen. Interleaving vergrößert dadurch die Pingzeiten, wird aber von wenigen ADSL-Anbietern eingesetzt.
Abrechnungsart	nach Zeit	Angebote, die nach Zeit abrechnen, können auch ein Freistundenkontingent von z. B. x Stunden pro Monat beinhalten.
	nach Volumen (Traffic) in MByte/GByte	Angebote, die nach Volumen abrechnen, können auch ein Volumenkontingent von z. B. x GByte pro Monat beinhalten.
	Flatrate	Bei der DSL-Flatrate wird außer einem Pauschalbetrag pro Monat nichts weiter an den ADSL-Provider bezahlt. Weitere Kosten können allerdings in der Regel entstehen, wenn Sie eine DSL-Flatrate auch per ISDN benutzen.
Realisationsdauer (Wartezeit)	Zeitpunkt von der Beauftragung bis zur ersten ADSL-Verbindung	Das ist eine sehr wichtige Größe, die aber von zwei Hauptfaktoren abhängen kann: die Zeit, die bis zu einem ADSL-Installationstermin vergeht inklusive der Bereitstellung der ADSL-Technik, und die Dauer, bis wann eine ADSL-Verbindung möglich ist, was vom ADSL-Provider abhängen kann.
Flexibilität	Eingeschränkte Unterstützung von Betriebssystemen, Zwangsbenutzung einer Providersoftware	Es gibt Provider, die nur eine ADSL-Verbindung mit Einwahlsoftware ermöglichen, die nur z. B. für Windows 9x/ME lauffähig ist (Beispiel AOL/DSL). Dieser Punkt kann wichtig sein, wenn Sie auch als Privatanwender auf eine ADSL-Einwahl unter Windows 2000/XP nicht verzichten möchten.
Mehrplatz	Nutzung des ADSL-Anschlusses auf mehreren PCs ausdrücklich verboten oder sogar erlaubt	Das ist ein nicht unwichtiger Punkt vieler AGBs. Allerdings ermöglichen Anbieter, die ein totales Verbot einer Mehrplatznutzung aussprechen, meistens gar nicht eine praktikable Lösung, wenn Sie z. B. nur einen Tarif anbieten. Wenn Sie also tatsächlich gemäß den AGBs mit zwei PCs ADSL gleichzeitig benutzen möchten, bräuchten Sie bei einigen Providern aus technischer Sicht nicht nur zwei ADSL-Zugänge, sondern auch zwei ADSL-Anschlüsse. Manche ADSL-Anbieter sind schon bei der Beauftragung eines ADSL-Anschlusses und -Zugangs eine Strapaze für den Kunden.
Support	gut/schlecht	Der gute Support eines Anbieters kann wichtig sein.

Ich habe bewusst in der obigen Tabelle Eigenschaften des ADSL-Anbieters (z. B. eine Telefongesellschaft) und des ADSL-Providers zusammengefasst, um das Gesamte nicht aus den Augen zu verlieren. Die Pingzeiten sind z. B. Eigenschaften des ADSL-Typs, die Sie durch die Wahl eines anderen ADSL-Providers für ein bestimmtes ADSL nicht ändern können.

So bekommen Sie ADSL

> **Info**
>
> **Gesamtkosten für eine ADSL-Verbindung enthalten auch Kosten für einen reinen ADSL-Anschluss und nicht nur für einen ADSL-Provider**
>
> Beachten Sie, dass Sie neben den Providerkosten (Abrechnungsart in der obigen Tabelle) im Allgemeinen auch feste Kosten für den ADSL-Anschluss zu erwarten haben. Sie haben also bei einer DSL-Flatrate noch eine Pauschale für den ADSL-Anschluss zu erwarten, und zwar allein schon deshalb, weil ADSL-Anbieter und -Provider auch zwei verschiedene Unternehmen sein können.

ADSL beauftragen

Nachdem Sie sich für einen ADSL-Anbieter und einen ADSL-Provider entschieden haben, müssen Sie nur noch die Beauftragung erledigen. Auch wenn es in der letzten Zeit vermehrt die Möglichkeit gibt, online ADSL-Anschlüsse bzw. Angebote von ADSL-Providern zu beauftragen, rate ich Ihnen, soweit das möglich ist, den herkömmlichen, schriftlichen Weg zu wählen: Brief oder Fax.

Wenn Sie bei Ihrem ADSL-Provider einen Vertrag für ein Jahr abschließen (z. B. für eine DSL-Flatrate), sollten Sie auf jeden Fall etwas Schriftliches in der Hand haben.

ADSL-Technik anschließen

Wie Sie bereits schon wissen, brauchen Sie in der Regel für ADSL ein ADSL-Modem und einen Splitter. Diese Geräte bekommen Sie zusammen mit den nötigen Anschlusskabeln mit der Post zugeschickt, und Sie können alles im einfachsten Fall selbst anschließen. Das ist überhaupt kein Problem. Die ADSL-Ausstattung ist je nach ADSL-Anbieter unterschiedlich und sieht auch immer anders aus. Bei Arcor werden z. B. zurzeit ADSL-Modems von Alcatel und Lucent und bei der Deutschen Telekom ADSL-Modems von Siemens, Orckit und ECI Telecom (und baugleiche Modelle) eingesetzt.

Entsprechend unterschiedlich sind auch die eingesetzten Splitter. Haben Sie Verständnis dafür, dass hier nicht die Ausstattung aller bisher bekannten ADSL-Anbieter erwähnt werden kann. Diese Geräte sehen nicht nur unterschiedlich aus, sondern benötigen bzw. verwenden auch andere Anschlusskabel.

ADSL-Ausstattung

Hier sehen Sie zwei ADSL-Ausstattungsbeispiele:

Beispiel 1 (Arcor-DSL)	Beispiel 2 (T-DSL)
ADSL-Modem	
Speed Touch Home von Alcatec	Hi-FOCuS ASU von ECI Telecom
Das ist nur eines der eingesetzten Modelle.	Das ist nur eines der eingesetzten Modelle.
Splitter	

ADSL-Technik anschließen

Beispiel 1 (Arcor-DSL)	Beispiel 2 (T-DSL)
Anschlusskabel	
Sämtliche Kabel sind fest am Splitter angeschlossen:	Vom Splitter zum ADSL-Modem wird ein loses Twisted-Pair-Kabel (RJ45-Stecker) benutzt. Von der Telefondose zum Splitter wird ein loses Standardtelefonkabel mit RJ11-Stecker benutzt. Im Splitter befindet sich noch ein Klemmenblock, an dem ein Techniker auch direkt Kabel anklemmen kann.

Üblicherweise wird vom ADSL-Modem zur Netzwerkkarte des PCs ein (1:1-)Twisted-Pair-Kabel mit RJ45-Steckern verwenden, das passend mitgeliefert wird. Es gibt auch ADSL-Modems, bei denen Sie ein so genanntes Crossover-Kabel verwenden müssen. Genauere Angaben erfahren Sie von Ihrem ADSL-Anbieter bzw. in Ihrer ADSL-Bedienungsanleitung.

So sieht eine typische ADSL-Schaltung aus

ADSL in Verbindung mit einem ISDN-Anschluss sieht in seiner typischen Schaltung schematisch aus, wie die Abbildung auf der nächsten Seite zeigt.

Die Verbindung zwischen der Telefondose und dem ISDN-NTBA wird unterbrochen und der Splitter dazwischengesetzt. Vom Splitter geht auf der einen Seite ein Kabel zum ISDN-NTBA und auf der anderen Seite zum ADSL-Modem. Der Rest stellt dann Ihre bisherige Telefonsituation dar. Im PC ist zur Ansteuerung des ADSL-Modems eine Netzwerkkarte eingebaut. Die zusätzlich eingebaute ISDN-Karte ist nicht notwendig für eine ADSL-Verbindung, kann aber auch bei ADSL sinnvoll eingesetzt werden, weil ADSL – wie Sie bereits wissen – kein vollständiger Ersatz für eine ISDN-Direktverbindung ist.

So sieht eine typische ADSL-Schaltung aus

ADSL auf einem analogen Telefonanschluss hat eine einfachere Schaltung.

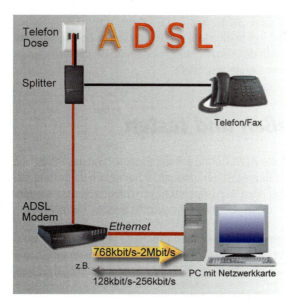

ADSL-Technik anschließen

Hier wird einfach nur der Splitter zur Trennung des Telefon- und ADSL-Signals wie dargestellt dazwischengeschaltet.

Der Anschluss des PCs ist genauso wie in der ersten Schaltung: ADSL in Verbindung mit einem ISDN-Anschluss. Natürlich können Sie auch noch zusätzlich Ihr 56k-Modem oder Faxgerät an dem N-kodierten Anschluss direkt am Splitter oder über eine an den Splitter angeschlossene NFN-Telefondose bzw. einen NFN-Adapter weiter verwenden.

> **Info**
>
> **Was bedeutet NFN?**
>
> NFN-Telefondosen erlauben bei **F** den Anschluss eines Telefons (**F**ernsprechers) und bei **N** den eines **N**icht-Telefons, also eines Faxgeräts, Modems oder Anrufbeantworters.

Als letzte Möglichkeit können Sie ADSL an einer zweiten Telefondose benutzen, wobei bei den obigen Schaltungen dann der Telefonanteil und möglicherweise der Splitter entfällt.

Bei ADSL auf einer ISDN-Leitung oder ADSL auf einer Telefonleitung, was im Technikerjargon „ADSL over ISDN" bzw. „ADSL over POTS" (**P**lain **O**ld **T**elephone **S**ervice) heißt, stellt der Splitter in der Regel (hier in Europa) das ADSL-Abschlussgerät dar, vergleichbar mit dem NTBA bei ISDN, an dem der Endanwender seine Geräte anschließt.

ADSL anschließen und testen

Das Anschließen der ADSL-Geräte erfolgt genauso, wie das in der obigen ADSL-Schaltung, die für Ihre ADSL-Variante gilt, schematisch dargestellt ist. Die ADSL-Ausstattung ist bei allen ADSL-Anbietern verschieden, sodass Sie verstehen werden, dass man all diesen Details nicht gerecht werden kann.

Exemplarisch zeige ich Ihnen hier den Anschluss bei Arcor-DSL, also einem ADSL in Verbindung mit einer ISDN-Leitung, und T-DSL in Verbindung mit einem analogen Telefonanschluss. Dann sehen Sie die zwei typischen ADSL-Varianten.

ADSL anschließen und testen

Anschluss bei ADSL über ISDN

1 Entfernen Sie das Kabel vom ISDN-NTBA aus der Telefondose. In dem Moment wird die Kontrollleuchte am NTBA ausgehen. Sie sind jetzt für die kurze Zeit der ADSL-Installation telefonisch nicht erreichbar bzw. Ihre ISDN-Geräte sind nicht mehr mit ISDN verbunden.

2 Stecken Sie nun das Kabel am Splitter mit der Bezeichnung *LINE* in die Telefondose.

3 Nun verbinden Sie das Kabel am Splitter, wo ein Telefonsymbol zu sehen ist, wieder mit dem Kabel vom ISDN-NTBA. Danach sollte nach kurzer Zeit eine wieder aufleuchtende Kontrollleuchte am ISDN-NTBA zu erkennen sein. Jetzt sind Sie auch wieder telefonisch erreichbar.

ADSL-Technik anschließen

4 Verbinden Sie das ADSL-Modem mit dem mitgelieferten externen Netzteil und schalten Sie es ein. Als Letztes verbinden Sie das Kabel am Splitter mit der Bezeichnung *ADSL* mit der Buchse mit der Bezeichnung *Line* an der Rückseite des ADSL-Modems. Der Stecker, der passt, ist ein üblicher Telefonstecker, der RJ11 genannt wird.

5 Nun sehen Sie, dass die Leuchtdiode mit der Bezeichnung *Line Sync* am ADSL-Modem, die bisher dunkel war oder geblinkt hatte, dauerhaft leuchtet.

Hier sind die drei verwendeten Kabel vom Splitter noch einmal in einer Großaufnahme.

Nun hat sich das ADSL-Modem erfolgreich synchronisiert und ist einsatzbereit.

Anschluss bei ADSL über eine analoge Telefonleitung

1 Entfernen Sie das Kabel des Telefons und gegebenenfalls eines Faxgeräts aus der Telefondose. Sie sind jetzt für die kurze Zeit der ADSL-Installation telefonisch oder per Fax nicht erreichbar.

ADSL anschließen und testen

2 Stecken Sie nun das mitgelieferte Telefonkabel mit dem RJ11-Stecker (üblicher Telefonstecker) vom Splitter mit der Bezeichnung *Amt* in die Telefondose.

Info

Splitter-Einstellung ISDN/ANALOG

Splitter, die für ADSL über eine ISDN-Leitung oder eine analoge Telefonleitung eingesetzt werden, besitzen meistens einen Schalter ISDN/ANALOG. Sie finden diesen unter der Klappe bei der Bezeichnung AMT des Splitters. Falls Sie sicher sein möchten, schauen Sie einfach nach.

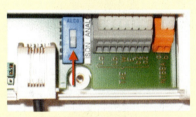

3 Nun schließen Sie Ihr Telefon wieder an der Telefondose, die sich im Splitter befindet, an. Jetzt sind Sie auch wieder telefonisch erreichbar.

4 Als Letztes verbinden Sie das eine mitgelieferte Kabel am Splitter mit der Bezeichnung *NTBBA* mit der Buchse an der Rückseite des ADSL-Modems mit der Bezeichnung *BBAE* (**B**reit**b**and**a**nschluss**e**inheit = Splitter). Der Stecker, der passt, ist ein üblicher ISDN- bzw. Netzwerkstecker, der RJ45 genannt wird. NTBBA (**N**etzwer**t**erminationspunkt **B**reit-

ADSL-Technik anschließen

bandanschluss) nennt die Deutsche Telekom einfach Ihre ADSL-Modems. Das Kabel sieht übrigens genauso aus wie das Kabel vom ADSL-Modem zur Netzwerkkarte, ein so genanntes „Twisted Pair"-Kabel. Beim Siemens-Modem liegen zwei solche Kabel bei. Im Allgemeinen sollten Sie beide Kabel unterscheiden können.

5 Verbinden Sie das ADSL-Modem mit dem mitgelieferten externen Netzteil und schalten Sie es ein. Nun sehen Sie, dass die Leuchtdiode mit der Bezeichnung *SYNC* am ADSL-Modem, die bisher dunkel war oder geblinkt hatte, dauerhaft leuchtet. Wundern Sie sich nicht, wenn Ihr ADSL-Modem etwas anders aussieht bzw. andere Leuchtdioden hat. Das ist von Modell zu Modell verschieden.

Eine Power-Leuchtdiode (hier EIN) und eine SYNC- bzw. Line Sync-Leuchtdiode haben alle ADSL-Modems. Alles andere ist für den Test einer erfolgreichen Synchronisation unwichtig.

Nun hat sich das ADSL-Modem erfolgreich synchronisiert und ist einsatzbereit. Falls Sie auch nach einer gewissen Wartezeit und bei richtiger Verkabelung keine erfolgreiche Synchronisation feststellen, setzen Sie sich mit Ihrem ADSL-Anbieter in Verbindung.

Kabelverlängerungen

Kabelverlängerungen vor dem ADSL-Modem sind technisch möglich, befinden sich aber in der kritischen ADSL-Strecke von Ihnen zur ADSL-Vermittlungsstelle, von der niemand genau sagen kann, wie lang sie bei Ihnen ist, jedenfalls nicht ohne ein aufwendiges Messprotokoll. Klassischerweise werden innerhalb dieser Strecke Telefonleitungen verwendet. Beachten Sie aber bei selbst durchgeführten Kabelverlängerungen vor dem ADSL-Modem, dass diese meistens keine entsprechenden CE-Konformitätsbedingungen erfüllen bzw. die entsprechenden Geräte ihre CE-Zertifi-

ADSL anschließen und testen

> **Info**
>
> zierung möglicherweise verlieren. Ein Nichtfunktionieren oder eine gestörte Funktion des ADSL-Modems kann auch eine Folge von solchen Kabelverlängerungen sein.
>
> Das Kabel von der Ethernet-Schnittstelle des ADSL-Modems (z. B. 10BaseT oder 10BT bezeichnet) zur Netzwerkkarte Ihres PCs ist allerdings ein Standard-Twisted-Pair-Kabel, das bei der Kabelqualität der Kategorie 5 (CAT 5) oder höher bis zu 100 Meter lang sein darf. Solche Kabel können Sie in jedem größeren Kaufhaus beziehen bzw. durch entsprechende Firmen in beliebigen Längen herstellen lassen.

Wenn Sie sich eine Selbstmontage der ADSL-Technik nicht zutrauen, weil Sie vielleicht auch noch Probleme haben, wie Sie bei den vorgegebenen Kabellängen größere Entfernungen zu den Telefonen oder dem ISDN-NTBA bzw. zum ADSL-Modem überbrücken können, erkundigen Sie sich bei Ihrem ADSL-Anbieter, ob auch ein Techniker Ihre ADSL-Installation vornehmen kann.

> **Info**
>
> **Hilfe bei komplizierter ADSL/Telefon-Situation**
>
> Falls Sie in Ihrer Wohnung oder Haus eine komplizierte Telefonsituation haben und nicht wissen, wie Sie Ihren ADSL-Anschluss an die richtige Stelle bekommen, sollten Sie nicht ohne Fachkenntnis und ohne Planung Kabel für Telefon und ADSL verlegen und anschließen. Falls Sie sich generell über mögliche Verkabelungen informieren möchten, schauen Sie sich zur Inspiration das Handbuch der T-DSL-Inhouse-Verkabelung der Deutschen Telekom an. Sie finden es unter anderem auch im Internet unter www.telekom.de/dtag/ipl2/t-dsl/download/handbuch_t-dsl_8.3.01.pdf. Sie bekommen dieses Handbuch sicher auch direkt von der Deutschen Telekom.

ADSL optimal installieren und konfigurieren

Da Sie für ADSL in der Regel eine Ethernet-Verbindung mit RJ45-Anschluss benötigen, um das ADSL-Modem anzusteuern, brauchen Sie im PC einen solchen Anschluss. Falls Ihr PC nicht schon einen Ethernet-Anschluss (10BaseT genannt) besitzt, können Sie entweder eine externe Netzwerkkarte anschließen oder eine (interne) Netzwerkkarte einbauen.

Netzwerkkarte ohne Einbau: Zauberwort USB oder PCMCIA

Ein typischer Grund, weshalb Sie keine Netzwerkkarte mehr einbauen können, ist, dass Sie keinen Platz mehr im PC haben: Grafikkarte, Soundkarte, ISDN-Karte, SCSI-Karte, TV-Karte etc. belegen vollständig alle PCI-Slots Ihres Mainboards.

Andere Gründe sind natürlich, dass Sie keine Netzwerkkarte einbauen können, weil Sie einen Laptop benutzen oder weil Sie einfach Ihren PC nicht öffnen möchten.

Von den verschiedenen USB-Varianten mit einem Ethernet-Anschluss (RJ45) zeige ich Ihnen stellvertretend die Benutzung eines USB-Ethernet-Adapters:

Voraussetzung für die Benutzung einer USB-Lösung ist natürlich, dass Ihr PC und Ihr eingesetztes Betriebssystem USB unterstützt. Sie benutzen also eines der Windows-Betriebssysteme Windows 98, 98 SE, ME, 2000 oder XP. Natürlich ist auch der Mac USB-tauglich.

Netzwerkkarte ohne Einbau: Zauberwort USB oder PCMCIA

Die Hardwarevoraussetzungen für USB erkennen Sie schon an den USB-Anschlüssen mit dem typischen USB-Symbol hinten am PC ...

... oder am Laptop.

Die Softwarevoraussetzungen für USB sind in erster Linie, dass die USB-Unterstützung im BIOS (**B**asic **I**nput/**O**utput **S**ystem) aktiviert ist.

USB-Unterstützung im BIOS aktivieren

1 Sie betreten das BIOS meistens beim ersten Hochfahren Ihres PCs, wenn Sie im richtigen Moment eine bestimmte Taste drücken. In der Regel ist das die [Entf]-Taste. Sie müssen natürlich Zugriff auf das BIOS haben und gegebenenfalls das BIOS-Passwort eingeben. Oft zeigen BIOS bereits eine entsprechende Meldung zum Betreten des BIOS: *Press DEL to Enter SETUP*.

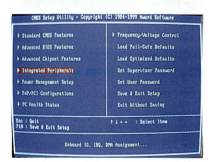

2 Unter dem Menüpunkt *Integrated Peripherals* finden Sie in der Regel die Haupteinstellung für den USB-Host, die USB-Unterstützung also. Unter Umständen sieht Ihr BIOS anders aus, Sie werden den entsprechenden Menüpunkt aber schnell finden.

3 Hier stellen Sie den Punkt *USB Host Controller* auf *Enabled* bzw. kontrollieren diesen Punkt. Es kann auch sein, dass Sie bei dem

ADSL optimal installieren und konfigurieren

Menüpunkt *PnP/PCI Configurations* eine Option *Assign IRQ For USB* auf *Enabled* schalten müssen, je nach BIOS. Diese Einstellung quittiert dann Windows mit der Installation der entsprechenden USB-Komponente, z. B. USB-Stammhub.

Die korrekte USB-Unterstützung können Sie dann bereits beim Booten gut beobachten.

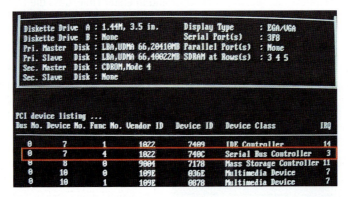

Hier finden Sie bei USB-Aktivierung eine oder zwei Zeilen mit der Bezeichnung *Serial Bus Controller* unter *Device Class*, je nachdem, ob Ihr PC einen oder zwei USB-Anschlüsse hat. An dieser Liste können Sie auch verfolgen, welche Hardwarekomponenten welche IRQs besitzen.

Analog können Sie bei Ihrem Laptop vorgehen. In der Regel sind neue PCs so eingestellt, dass die USB-Unterstützung aktiviert ist.

Nach diesen Vorarbeiten installieren Sie nun den USB-Ethernet-Adapter, als Beispiel hier den EA101 von Netgear. Glücklicherweise installieren sich USB-Komponenten praktisch von selbst.

Installieren des USB-Ethernet-Adapters

1 Schalten Sie den PC ein und lassen Windows hochfahren. Stecken Sie den USB-Stecker hinten in den USB-Anschluss. Nun quittiert Ih-

Netzwerkkarte ohne Einbau: Zauberwort USB oder PCMCIA

nen Windows dieses durch das Melden eines neuen USB-Geräts, und gleichzeitig geht die Leuchtdiode *USB Power* am USB-Ethernet-Adapter an.

2 Als Nächstes lassen Sie Windows automatisch nach dem USB-Treiber suchen. In diesem Fall befindet er sich auf einer Diskette (A:).

3 Nachdem alle benötigten Daten kopiert sind, fragt Windows, ob Sie einen Neustart durchführen möchten. Die Frage können Sie mit *Ja* beantworten und den Rechner neu starten.

Wenn Sie nun unter *Start/Einstellungen/Systemsteuerung/System* im Geräte-Manager nachschauen, erkennen Sie die neu installierte Netzwerkkarte unter *Netzwerkkarten*.

Da finden Sie unter anderem die Netzwerkkarte *NETGEAR EA101 USB Ethernet Adapter*. Unter *Universeller serieller Bus Controller* (USB-Controller) sehen Sie den bereits erwähnten USB-Stammhub. Diese Komponenten sind notwendig für USB.

Alternativen zu einer USB-Netzwerkkarte bei Platzproblemen

Falls Sie über ADSL und ISDN gemeinsam an einem PC verfügen möchten, können Sie bei Platzproblemen auf dem Mainboard alternativ auch eine Netzwerkkarte fest einbauen und einen USB-ISDN-Adapter anschließen. Damit haben Sie nur ausgetauscht, welche PCI-Karte fest und welche extern verwendet wird. Aus der Praxis ist bekannt, dass es leider vorkommt, dass USB-Lösungen bremsen bzw. nicht 100%ig zuverlässig funktionieren. Für eine zuverlässige, schnelle Dauerlösung sollten Sie sich nach der Anwendung orientieren, die Sie häufiger benutzen.

T-DSL & ADSL - 35

ADSL optimal installieren und konfigurieren

Einen USB-Ethernet-Adapter können Sie sowohl für einen PC als auch einen Laptop einsetzen. Für einen Laptop können Sie auch eine PCMCIA-Netzwerkkarte für Notebook-PCs verwenden. Die 32-Bit-Version wird meistens CardBus-Karte genannt.

Die hier dargestellte PCMCIA-Netzwerkkarte ist ein Fastethernet-Adapter für 10/100 MBit/s, die 32-Bit-CardBus-Karte FA510 von Netgear. PCMCIA-Netzwerkkarten haben den Vorteil, dass Sie neben einer größeren Betriebssystemunterstützung schneller als USB-Netzwerkkarten sein können, was allerdings bei ADSL keine größere Rolle spielt, weil die benötigte Performance für ADSL nicht schneller als 10 MBit/s sein muss, da ADSL maximal 8 MBit/s schnell ist.

Da die Netzwerkkarte FA510 bereits von Windows ME erkannt und unterstützt wird, installiert sie sich praktisch von selbst. Unter *Start/Einstellungen/Systemsteuerung/System* im Geräte-Manager finden Sie sie wiederum unter *Netzwerkkarten*.

Falls Sie unter Windows ME eine Netzwerkkarte installieren möchten, die nicht automatisch erkannt und installiert wird, dann installieren Sie sie einfach in der Systemsteuerung mit dem Hardware-Assistenten manuell.

Diese Methode ist allgemeiner und für alle Windows-Versionen Windows 95/98/98

Netzwerkkarte ohne Einbau: Zauberwort USB oder PCMCIA

SE/ME anwendbar. Bei Windows vor ME konnten Sie nämlich eine Netzwerkkarte auch noch bei *Systemsteuerung/Netzwerk* mit *Hinzufügen/Netzwerkkarte* installieren.

Windows vor ME (95 bis 98 SE)   Windows ME

Ein ganz besonderes Sahnebonbon unter den Netzwerkkarten für einen Laptop ist eine Funknetzwerkkarte, eine so genannte Wireless PC Card nach IEEE 802.11b.

Was liegt näher, als auch die Netzwerkkarte eines Laptops kabellos zu benutzen, damit Ihr ansonsten kabelloser Laptop nicht wieder durch ein Netzwerkkabel angebunden ist.

Diese Netzwerkkarte sieht im Prinzip genauso aus wie die gewöhnliche PCMCIA-Karte, hat nur kein Kabel, sondern ein Kappe, hinter der sich der Sender/Empfänger befindet. Als Gegenstück für eine solche Wireless PC Card brauchen Sie dann noch eine Basisstation, einen Access Point. In Verbindung mit ADSL sind ADSL-Router mit eingebautem Switch und Wire-

less-LAN-Anschluss eine bekannte Allroundlösung. Damit können Sie Ihre PCs und Ihren Laptop drahtlos vernetzen für ein Heimnetzwerk und zur gemeinsamen, gleichzeitigen ADSL-Benutzung. Der im ADSL-Router eingebaute Switch (oder auch Hub) erlaubt natürlich auch den Anschluss von mehreren PCs mit Netzwerkabeln.

ADSL optimal installieren und konfigurieren

Router, Hub, Switch: Was ist der Unterschied?

Router:
Ein ADSL-Router wird dafür benutzt, eine Internetverbindung über ADSL für ein ganzes Netzwerk vorzunehmen und zu verteilen. Er schützt das Netzwerk vor Eindringlingen aus dem Internet. In ihm sind unter anderem die Zugangsdaten für eine ADSL-Einwahl abgespeichert.

Hub:
Ein Hub ist einfach ein Gerät, um viele PCs und andere Netzwerkgeräte gemeinsam zu einem Netzwerk zu verbinden. Er stellt also ein reines Verteilungsgerät dar. Er wird generell für ein Netzwerk benötigt, das aus mehr als zwei Netzwerkgeräten (PCs etc.) besteht. Bei zwei PCs benötigen Sie noch keinen Hub. Da reicht es aus, beide PCs mit einem so genannten Crossover-Kabel zu verbinden.

Switch:
Ein Switch kann gezielt eine Verbindung zwischen zwei Netzwerkgeräten herstellen. Im Vergleich dazu schickt ein Hub die Daten einer Verbindung zwischen zwei Netzwerkgeräten immer an alle Ports (RJ45-Anschlussbuchsen).

Wenn Sie also einen ADSL-Router für mehrere PCs einsetzen möchten, brauchen Sie zur Verbindung aller PCs und des ADSL-Routers zu einem gemeinsamen Netzwerk ein Verteilungsgerät: einen Hub oder einen Switch. Heutzutage gibt es einige ADSL-Router, die bereits einen Hub oder Switch integriert haben. Dann kann der zusätzlich benötigte Hub entfallen.

Wireless PC Cards werden auch für Funknetzwerkkarten verwendet, die Sie in einen PC fest einbauen. In den PC wird sozusagen eine PCMCIA-Fassung eingebaut, in die dann die Wireless PC Card hineingeschoben wird. Wenn Sie so wollen, bestehen Funknetzwerkkarten zum Einbau dann aus zwei Komponenten: der PCI-Steckkarte als Träger und der Wireless PC Card. Das sollten Sie übrigens bei der Beurteilung der Kosten für die drahtlose Anbindung eines PCs berücksichtigen.

PCMCIA und ADSL

Der Vollständigkeit halber möchte ich Ihnen nicht verschweigen, dass PCMCIA-Netzwerkkarten und auch Funknetzwerkkarten (Wireless PC Cards) unter Umständen in Verbindung mit ADSL-Protokollen bzw. ADSL-Treibern (z. B. PPPoE) Probleme bereiten können: Sie werden nicht als Netzwerkkarten erkannt. Dieses Problem gab

Netzwerkkarte einbauen: Hinweise und Tipps

Info: es bereits vereinzelt auch schon mit wenigen herkömmlichen Netzwerkkarten bei bekannten ADSL-Protokollen. Abhilfe kann hier schaffen, wenn Sie alternativ einen anderen ADSL-Treiber ausprobieren. Als reine Netzwerkkarte funktioniert eine PCM-CIA-Netzwerkkarte sehr gut und auch schnell (schneller als mit USB, nicht USB 2.0!). So bleibt Ihnen für eine ADSL-Mitbenutzung immer noch die Möglichkeit, Ihren Laptop über eine klassische Mehrplatzlösung an der ADSL-Verbindung teilnehmen zu lassen: über einen Router oder Proxyserver. Das Beispiel mit einem ADSL-Router mit Funkanschluss wurde oben schon erwähnt.

Netzwerkkarte einbauen: Hinweise und Tipps

Falls Sie noch genügend Platz auf dem Mainboard Ihres PCs haben, bauen Sie die Netzwerkkarte genauso wie jede andere Steckkarte ein. Heutzutage sind PCI-Steckkarten üblich. Für die Verbindung vom ADSL-Modem zum PC ist nur eine 10BaseT-Netzwerkkarte (mit einem RJ45-Anschluss) erforderlich, also 10 MBit/s schnell, weshalb Sie auch noch ISA-Netzwerkkarten (z. B. NE2000-kompatible) verwenden könnten.

Info: Vorsicht vor elektrostatischer Aufladung beim Arbeiten im PC
Denken Sie immer beim Einbau von neuen Komponenten daran, dass elektrostatische Aufladungen elektronische Teile im PC zerstören könnten. Entladen Sie sich also vor jedem Eingriff in den PC, achten Sie generell auf gute Erdung, und vor allem arbeiten Sie nicht mit knisternden Wollpullovern oder anderen Kleidungsstücken, von denen Sie genau wissen, wie stark sie sich aufladen, sodass Sie bereits an jeder Metalltürklinke eine Entladung feststellen konnten.

1 Schalten Sie den PC vor dem Einsetzen einer neuen PCI-Steckkarte aus. Wenn Sie ganz vorsichtig sind, ziehen Sie auch noch das Stromkabel und auch das Monitorkabel ganz heraus, weil z. B. auch ein Monitorkabel Überspannungen in den Computer schicken kann.

ADSL optimal installieren und konfigurieren

Ich empfehle Ihnen extra, alle Sicherheitsmaßnahmen zum Einbau einer neuen Komponente zu beachten, damit Sie, wenn Sie zum ersten Mal eine Karte selbst einbauen, auf der sicheren Seite sind. Die meisten Techniker gehen sicherlich nicht so behutsam vor.

2 Suchen Sie einen freien PCI-Steckplatz für Ihre Netzwerkkarte aus. PCI-Steckplätze sind weiß (beige), und der AGP-Slot, der meistens heutzutage für die Grafikkarte benutzt wird, ist dunkel. Die AGP-Grafikkarte steckt also im AGP-Slot, den Sie hier schlecht sehen können. In diesem Fall stecken Sie die Netzwerkkarte in den markierten PCI-Steckplatz.

Doppelt zugewiesene IRQs können – besonders bei etwas älteren Windows-Versionen – Probleme verursachen, müssen es aber nicht immer

Es kann vorkommen, dass eine neue PCI-Karte hartnäckig immer denselben IRQ zugewiesen bekommt wie eine bereits vorhandene bzw. z. B. eine Onboard-Soundkarte. Da hilft es meistens schon, wenn Sie den PCI-Slot wechseln. Auch gibt es Mainboards, an denen der erste PCI-Steckplatz unter dem AGP-Slot denselben IRQ zugewiesen bekommt wie die AGP-Grafikkarte bzw. jeweils zwei PCI-Steckkarten sich einen IRQ teilen (siehe Mainboard-Handbuch). Wenn die Grafikkarte einen eigenen IRQ benötigt, kann es passieren, dass – besonders bei etwas älteren Windows-Versionen – eine PCI-Steckkarte, die direkt in dem PCI-Steckplatz unter dem AGP-Slot sitzt, nicht funktioniert und eben die Grafikkarte auch nicht. Denken Sie bei Problemen nach dem Einbau einer oder zwei Netzwerkkarten an ein mögliches IRQ-Problem.

Netzwerkkarte einbauen: Hinweise und Tipps

3 Drücken Sie die Netzwerkkarte mit gleichmäßigem Druck in den PCI-Steckplatz, ohne sie zu verkanten. Achten Sie dabei auf den obersten Teil der Netzwerkkarte, wo das Loch für die Verschraubung ist. Das Loch sollte nach dem festen Sitz der Netzwerkkarte direkt über der Bohrung für die Schraube sein, damit die Schraube genau senkrecht hineinpasst. Im Prinzip könnten Sie jetzt die Netzwerkkarte festschrauben und den PC wieder schließen. Ich persönlich rate Ihnen, den PC erst dann wieder endgültig zu verschließen, wenn Sie das einwandfreie Funktionieren der Netzwerkkarte festgestellt haben. Wenn Sie noch unerfahren im Einbau neuer PCI-Steckkarten sind, wissen Sie möglicherweise nicht genau, worauf Sie hierbei achten sollten. Wenn Sie z. B. die Karte wegen der beschriebenen IRQ-Probleme in einen anderen PCI-Steckplatz stecken möchten, werden Sie bis zur endgültigen Lage der Netzwerkkarte das Gehäuse noch nicht zuschließen.

Falls Sie tatsächlich IRQ-Probleme haben oder bereits vorsorglich jeder Komponente möglichst ihren eigenen IRQ verpassen möchten, gehen Sie wie folgt beschrieben vor.

Bereits beim Hochfahren des PCs bekommen Sie einen Überblick über die wichtigsten IRQs. Das sehen Sie in der Regel am Anfang der Bootphase. Drücken Sie

ADSL optimal installieren und konfigurieren

einfach, wenn Sie diese Liste sehen, ganz schnell die (Pause)-Taste, um sie länger ohne Weiterscrollen betrachten zu können.

Hier sehen Sie rechts unter *Device Class* die Komponenten mit ihren IRQs in der Spalte *IRQ*. Mit *Network Controller* ist die eingebaute Netzwerkkarte gemeint. Mit *Serial Bus Controller* ist USB gemeint. Die AGP-Grafikkarte, hier eine Elsa GLADIAC, heißt einfach *Display Controller* und hat ihren eigenen IRQ 10 bekommen. Dass der USB-Controller zweimal denselben IRQ bekommen hat, ist völlig normal. Das Gleiche kommt auch bei vielen TV-Karten vor für den Audio- und Videoanteil.

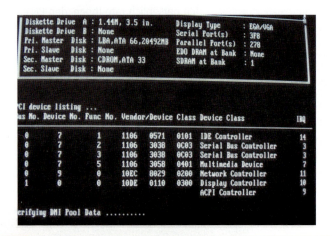

ISDN-Karte als Netzwerkkarte?

Wundern Sie sich nicht, wenn Sie trotz einer Netzwerkkarte hier zwei Network Controller erkennen können. Moderne ISDN-Karten werden als Netzwerkkarten dargestellt. Zwei Netzwerkkarten bedeutet also meistens, dass Sie eine ISDN- und eine Netzwerkkarte eingebaut haben.

Falls Sie also feststellen, dass hier (viele) doppelt vorhandene IRQs vorkommen, kann sich das schon dadurch ändern, dass Sie eine PCI-Steckkarte einfach in einen anderen PCI-Steckplatz umsetzen.

Falls Sie das Problem haben, keinen IRQ mehr für eine Netzwerkkarte frei zu haben, können Sie durch Abschalten nicht benötigter Komponenten im BIOS einen IRQ gewinnen.

Netzwerkkarte einbauen: Hinweise und Tipps

Wenn Sie im BIOS unter *Integrated Peripherals* nachschauen, können Sie dort meistens einiges abschalten. In der Regel können Sie mit einer PS/2-Maus und ADSL die seriellen Ports ganz abschalten, falls Sie kein Modem benutzen werden.

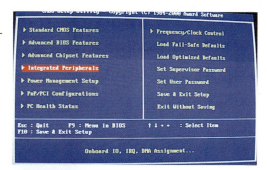

Falls Sie die seriellen Ports und den USB-Controller nicht brauchen, dann können Sie die Zuweisung von IRQs an diese Komponenten auch deaktivieren. Für USB finden Sie oft unter *PnP/PCI Configurations* einen entsprechenden Menüpunkt.

Hier stellen Sie *Assign IRQ For USB* auf *Disabled*. Um die IRQs 3 und 4 endgültig freizumachen, müssen Sie außer USB aber auch noch die seriellen Ports deaktivieren.

T-DSL & ADSL - 43

ADSL optimal installieren und konfigurieren

Einrichten und Testen der Netzwerkkarte

Wenn Sie die Netzwerkkarte in Ihren Rechner eingebaut haben, muss sie noch als neue Hardware installiert werden. Dabei erkennt Windows ME entweder die Netzwerkkarte durch Plug & Play automatisch, oder Sie müssen manuell nachhelfen, indem Sie den Pfad – A: = Diskettenlaufwerk oder D: = CD-ROM-Laufwerk – zum Netzwerkkartentreiber des Herstellers angeben. Alternativ kann es sein, dass Windows ME einen typischen Standardtreiber automatisch installiert. Im Gegensatz zu Windows 98 wird bei Windows ME eine neue Netzwerkkarte manuell nur noch unter *Start/Einstellungen/Systemsteuerung/Hardware* installiert und nicht mehr unter *Systemsteuerung/Netzwerk*.

So installieren Sie manuell eine neue Netzwerkkarte:

1 Klicken Sie in der Taskleiste auf *Start/Einstellungen/Systemsteuerung*.

2 Wählen Sie das Symbol *Hardware* aus und klicken Sie es an.

3 Der Hardware-Assistent führt Sie nun durch zwei Fenster, die Sie mit *Weiter* beantworten müssen. Danach erfolgt möglicherweise ein Suchvorgang nach neuer Hardware. Da ich nicht weiß, welche neue Hardware Windows evtl. doch noch bei Ihnen findet, ist eine Darstellung dieses Fensters hier nicht sinnvoll.

4 Beim nächsten Fenster klicken Sie zur manuellen Hardwareauswahl auf *Nein, Hardware in der Liste wählen* und dann auf *Weiter*.

Einrichten und Testen der Netzwerkkarte

5 Nun wählen Sie unter *Hardwaretypen Netzwerkkarten* aus und klicken dann auf *Weiter*.

6 Im nächsten Fenster können Sie eine vorhandene Netzwerkkarte aus der Herstellerliste auswählen.

7 Wenn Sie eine neue Netzwerkkarte installieren möchten, zu der Sie eine Treiberdiskette oder -CD haben, klicken Sie auf den Schalter *Datenträger* und geben den Pfad zu den Treiberdateien an.

Nun werden meistens sowohl Dateien von der Treiberdiskette (CD) als auch von der Windows-Original-CD kopiert. In der Regel müssen Sie eine Netzwerkkarte gar nicht manuell installieren, wie das hier dargestellt wurde, sondern Sie müssen höchstens an geeigneter Stelle den Pfad für den Netzwerkkarten-Treiber angeben – wenn überhaupt.

Wenn Sie Ihre Netzwerkkarte erfolgreich installiert haben, werden Sie sie im Geräte-Manager finden. Klicken Sie dazu auf *Start/Einstellungen/Systemsteuerung* und dann auf das Symbol *System*. Sie sollten unter *Netzwerkkarten* Ihre Netzwerkkarte sehen.

Hier heißt die verwendete Netzwerkkarte *SiS 900 PCI Fast Ethernet Adapter*.

Dieser Vorgang verläuft bei Windows 95 bis 98 SE analog. Die Windows-Versionen vor Windows ME erkennen nur möglicherweise wesentlich weniger Netzwerkkarten automatisch.

Bei Windows 2000 verfahren Sie genauso, wobei Sie allerdings Administratorenrechte zur Installation benötigen.

T-DSL & ADSL - 45

ADSL optimal installieren und konfigurieren

Außerdem berücksichtigt Windows 2000 auch die Installation von Treibern, die keine digitale Signatur von Microsoft besitzen. Sie erhalten dann diesen Warnhinweis bei unsignierten Treibern anderer Hersteller.

Unter *System/Hardware/Treibersignierung* lässt sich übrigens dieses Verhalten definieren. Dort sollte allerdings alles außer *Sperren - Installation von nicht signierten Treibern wird verweigert* stehen.

Nachdem Sie eine interne oder externe Netzwerkkarte eingebaut bzw. angeschlossen und installiert haben, nehmen Sie jetzt noch einige Netzwerkeinstellungen vor.

Unter *Start/Einstellungen/Systemsteuerung/ Netzwerk* machen Sie auf dem zweiten Register *Identifikation* in etwa die allgemeinen Angaben unter *Computername*, *Arbeitsgruppe* und *Beschreibung*, die Sie auf der Abbildung sehen können.

Unter *Konfiguration* haben Sie etwa folgende Netzwerkkomponenten:

Hier stellen Sie unter *Primäre Netzwerkanmeldung* auf *Windows-Anmeldung* um, damit Sie nicht dauernd mit einem Login-Fenster genervt werden. Unter den Eigenschaften des Clients für Microsoft-Netzwerke wählen Sie die *Schnelle Anmeldung*, um Ihren Rechner schnellstmöglich auch mit aktiven Netzwerkfunktionen hochzufahren. Unter *TCP -> SiS 900 PCI Fast Ethernet Adapter* (Ihre jeweilige

Einrichten und Testen der Netzwerkkarte

Netzwerkkarte) geben Sie vorläufig unter *IP-Adresse* eine feste IP-Adresse aus dem so genannten privaten Bereich ein, z. B. 192.168.1.1 mit Subnetmask 255.255.255.0.

Was ist eine IP-Adresse bzw. eine Subnetmask?

Eine IP-Adresse wird beim Internetprotokoll zum Austausch von Daten generell benötigt, sowohl im Internet als auch im Heimnetzwerk. Die IP-Adresse besteht aus vier Zahlen zwischen 0 und 255, die mit Dezimalpunkten voneinander getrennt dargestellt werden, z. B. 192.168.1.1.

Die Subnetmask oder Subnetzmaske steuert in einem TCP/IP-Netzwerk, aus welchen IP-Adressen ein Teilnetzwerk (Subnet) besteht. So bedeutet die Zahl 255, was zum Teilnetz, und die Zahl 0, was zum PC (genauer zum Host = Gastgeber - es gibt außer PCs noch weitere Netzwerkgeräte, die IP-Adressen besitzen können) gehören soll. Die Subnetzmaske 255.255.255.0 bei einer IP-Adresse 192.168.1.1 meint das Teilnetz der Form 192.168.1.* (192.168.1.1, 192.168.1.2, 192.168.1.3 etc.). Bei einer Subnetzmaske von 255.255.0.0 wäre dann das Teilnetz 192.168.*.* gemeint.

Mit dieser Einstellung lassen Sie vorläufig die Netzwerkkarte nicht im Unklaren über Ihre IP-Adresse, was unabhängig von späteren Maßnahmen schneller und unproblematischer beim Booten des PCs ist.

Woher kommt die IP-Adresse 192.168.1.1?

Es ist üblich, aus dem Gesamtbereich aller IP-Adressen gewisse Adressen herauszunehmen, die für private TCP/IP-Netzwerke (Teilnetze) verwendet werden können. Diese IP-Adressen werden im Internet nicht auftauchen und auch nicht weitergeleitet (geroutet):

10.0.0.0-10.255.255.255
172.16.0.0-172.31.255.255
192.168.0.0-192.168.255.255

Es gibt eine Autorität im Internet, die das festgelegt hat: **I**nternet **A**ssigned **N**umbers **A**uthority (IANA).

ADSL optimal installieren und konfigurieren

> **Info**
> Die IP-Adresse 192.168.1.1 ist beliebig aus dem Bereich 192.168.0.0 bis 192.168.255.255 gewählt. Sie können auch genauso 192.168.100.1, 10.0.0.1, 10.1.1.1 etc. verwenden.
> Bei der ADSL-Variante mit einer Einwahl mit dem VPN-Protokoll PPTP sind IP-Adressen der Form 10.0.0.* üblich, z. B. 10.0.0.140.

Schließen Sie nun das mitgelieferte Kabel zur Verbindung des ADSL-Modems mit der Netzwerkkarte an. Sie erkennen dann schon an den Ethernet-Kontrollleuchten am ADSL-Modem oder Ihrer Netzwerkkarte, dass eine Ethernet-Verbindung hergestellt wird. Am ADSL-Modem finden Sie eine RJ45-Buchse mit der Bezeichnung 10BaseT oder 10BT oder ähnlich. So wie auf der Abbildung sieht das beim Speed Touch Home von Alcatel aus.

> **Info**
> **Tipp zum Testen der Netzwerkkarte**
>
> Falls Sie irgendein Netzwerkgerät in Ihrer Nähe zur Verfügung haben, z. B. mit der IP-Adresse 192.168.1.100, können Sie durch einen Pingbefehl sofort die korrekte Funktion der Netzwerkkarte testen. Geben Sie dann einfach in der (MS-DOS-)Eingabeaufforderung „ping 192.168.1.100" (oder vergleichbar) ein. Meldet sich die angepingte IP-Adresse, ist Ihre Netzwerkkarte in Ordnung.
>
> Wenn Sie ein ADSL-Modem mit einer privaten IP-Adresse besitzen, z. B. das Speed Touch Home von Alcatel, können Sie für einen Pingtest gleich die IP-Adresse 10.0.0.138 des ADSL-Modems benutzen. Dazu verpassen Sie Ihrer Netzwerkkarte z. B. die IP-Adresse 10.0.0.1 mit der Subnetzmaske 255.255.255.0.

Als weitere Testmöglichkeit für die Netzwerkkarte gibt es bei einigen Netzwerkkarten ein mitgeliefertes Diagnoseprogramm. Für einen Netzwerkkarten- und ADSL-Funktionstest für das ADSL-Einwahlprotokoll PPPoE bieten einige Hersteller von Treibern auch zugleich diesen Komfort an. Es gibt für Windows 9x/ME ein kleines Tool, das POET (**P**PP **o**ver **E**thernet **T**est) heißt. Das bekommen Sie im

Internet unter www.heha.cjb.net. Auch mit dem neusten Engeltreiber (Fa. Engel KG) erhalten Sie einen solchen Funktionstest. Sie finden das im Internet unter www.t-online.de/service bei den T-DSL-Treibern und -Tools.

Einwahlsoftware des Providers benutzen

Die Benutzung der Einwahlsoftware Ihres Providers ist eine Möglichkeit, die Sie natürlich nutzen können, um sich mit Ihrem ADSL-Provider zu verbinden. Das läuft in der Regel vollautomatisch ab und bedarf so weit keiner Erläuterung. Die Voraussetzung ist immer, dass Sie bereits eine Netzwerkkarte installiert haben, wie das oben dargestellt wurde.

So bedienen sich allerdings viele ADSL-Provider bei klassischen Einwahltreibern und Protokollen, die meistens mit einem Minimalaufwand mit Bordmitteln von Windows auch realisiert werden können. Verwendet Ihr ADSL-Provider zum Beispiel **P**PP **o**ver **E**thernet (PPPoE) zur Einwahl, finden Sie meistens darunter PPPoE-Protokolle bzw. -Treiber wie EnterNet 300, cFos/dsl, Engeltreiber oder auch WinPoET, die in einer speziell lizenzierten Fassung mehr oder weniger stark verpackt als Einwahlsoftware angeboten werden.

> **Was ist PPP, PPPoE und wozu wird es benötigt?**
>
> **PPP:**
> PPP ist ein typisches Verfahren, nennen wir es einfach Protokoll, das eine Punkt-zu-Punkt-Verbindung zwischen Ihnen und Ihrem Provider herstellt. Man nennt es deshalb das **P**oint to **P**oint **P**rotocol = Punkt-zu-Punkt-Protokoll oder kurz PPP. Mit diesem Protokoll wird Ihnen nach einem Einwahlvorgang von Ihrem Provider eine IP-Adresse zugewiesen, die Sie für die Dauer einer Internetsitzung haben. Alle klassischen Betriebssysteme kennen PPP oder sollten es zumindest. PPP werden Sie von einer Modemeinwahl ins Internet bereits kennen.
>
> **PPPoE:**
> Wird nun eine spezielle Anpassung des Protokolls PPP gemacht, wobei Datenpakete über eine Ethernet-Verbindung verpackt und geschickt werden können, um das ADSL-Modem anzusteuern, dann nennt man dieses Protokoll: PPP over Ethernet – also genauer **P**oint to **P**oint **P**rotocol **o**ver **E**thernet oder kurz PPPoE. PPPoE ist in RFC 2516 beschrieben. RFC bedeutet **R**equest **F**or **C**omments. RFC sind seit 1969 begonnene nummerierte Bemerkungen über das Internet. Ein RFC ist z. B. RFC 2516 – *Method for Transmitting PPP Over Ethernet (PPPoE)*. Das ist also die Beschreibung des PPPoE-Protokolls. Einige RFCs wurden zu Standards im Internet.

ADSL optimal installieren und konfigurieren

Als T-DSL-Kunde werden Sie es z. B. bei 1&1 und bei AOL (DSL) mit dem cFos/dsl und bei T-Online mit dem Engeltreiber zu tun haben. Bei Arcor-DSL wiederum wird EnterNet 300 favorisiert.

> **Tipp für die TCP/IP-Bindung der Netzwerkkarte bei PPPoE**
>
> In der Regel sollten Sie bei einer PPPoE-Einwahl die TCP/IP-Einstellung der Netzwerkkarte nicht auf *IP-Adresse Automatisch beziehen* eingestellt haben. Sie wählen also, wie bereits vorher schon erwähnt, eine feste private IP-Adresse wie 192.168.1.1. Alternativ können Sie auch die Bindung der Netzwerkkarte an das TCP/IP-Protokoll entfernen bzw. deaktivieren. Achtung: Hiermit ist nicht gemeint, das Internetprotokoll (TCP/IP) komplett zu entfernen. Das wird für jede Internetverbindung benötigt. Es bleibt also unbedingt die Bindung *TCP/IP -> DFÜ-Adapter*.
>
>
>
> **TCP/IP:**
> TCP/IP bedeutet **T**ransmission **C**ontrol **P**rotocol/**I**nternet **P**rotocol und ist eine Sammlung von paketorientierten Netzwerkprokollen und Regeln für große Netze. TCP/IP ist Routing-fähig und eine Grundlage des Internets. TCP/IP benutzt drei typische Grundprotokolle:
> - TCP = **T**ransmission **C**ontrol **P**rotocol
> - UDP = **U**ser **D**atagram **P**rotocol
> - CMP = **I**nternet **C**ontrol **M**essage **P**rotocol

Einwahl mit Bordmitteln

In den meisten Fällen können Sie bereits mit Bordmitteln von Windows und eventuell einem zusätzlichen Treiber eine ADSL-Verbindung aufbauen.

So finden Sie das bekannte ADSL-Einwahlprotokoll PPPoE für eine Einwahl in Arcor-DSL, T-DSL oder vergleichbarem ADSL bereits in Windows XP eingebaut.

Für die vorherigen Windows-Versionen finden Sie folgende bekannte PPPoE-Treiberlösungen:

Einwahl mit Bordmitteln

PPP over Ethernet-Treiber (PPPoE) für Windows

Treiber	Autor/Hersteller	Internet	Win 9x	Win NT
cFos	cFos	www.cFos.de	ab 95	4.0, 2000
Engeltreiber	Engel KG	www.engel-kg.com www.t-online.de/service	ab 95	4.0, 2000
EnterNet 300	Network Telesystems	www.nts.com	ab 95	4.0, 2000
KEN!DSL	AVM	www.avm.de	ab 95	4.0, 2000
PEPA	Dr. H. Hanewinkel	www.heha.cjb.net	ab DOS	4.0, 2000
RasPPPoE	R. Schlabbach	user.cs.TU-Berlin.de/~normanb	ab 98	2000/XP
WinPoET	WinDriver, IVasion	www.winpoet.net	ab 95	4.0, 2000

> **Zwangsbenutzung von spezieller Einwahlsoftware**
>
> Es gibt Provider, z. B. AOL (DSL), bei denen Sie nur eine ADSL-Verbindung mit einer speziellen Einwahlsoftware vornehmen können. In diesem Fall können Sie alternativ keine Einwahl mit Bordmitteln vornehmen. Unangenehm wird das dann für Anwender, die unter Ihrem Betriebssystem keine Verbindung zum ADSL-Provider herstellen können, weil z. B. die Einwahlsoftware nur unter Windows 98/ME läuft.

Wenn Sie als T-DSL-Kunde (außer bei AOL) eine schnelle Einwahl mit Bordmitteln vornehmen möchten, dann können Sie den neusten Engeltreiber benutzen, der unter www.t-online.de/service bei den T-DSL-Treibern verfügbar ist. Hierbei wird im Paket T-DSLSetup auch das Programm TDSL Check ausge-

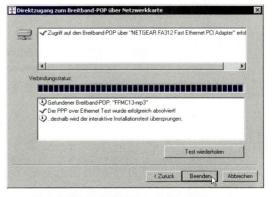

führt, das die Netzwerkkarte und die T-DSL-Verbindung durchcheckt. Sie können diesen Treiber und Check auch bei anderen ADSL-Anbietern mit PPPoE-Einwahl verwenden, wobei allerdings die abschließende T-DSL-Einwahl scheitern wird, das ist klar! Nach der Ausführung des Treiber-Setup müssen Sie nur noch eine DFÜ-Verbindung zur ADSL-Einwahl erstellen.

ADSL optimal installieren und konfigurieren

ADSL-Einwahl unter Windows 98/ME/2000

Als einfache ADSL-Einwahl mit dem PPPoE-Protokoll über das DFÜ-Netzwerk können Sie z. B. RasPPPoE von R. Schlabbach verwenden. Unter user.cs.TU-Berlin.de/~normanb können Sie den Treiber herunterladen.

Als Voraussetzung für die folgende Installation sollten Sie unter *Start/Einstellungen/ Systemsteuerung/Netzwerk/Konfiguration* notwendigerweise das TCP/IP-Protokoll, den DFÜ-Adapter und die Netzwerkkarte unter den Netzwerkkomponenten finden. Falls Sie eine Netzwerkkomponente nachinstallieren möchten, können Sie das mit der Schaltfläche *Hinzufügen* nachholen.

1 Entpacken Sie, z. B. mit WinZip, das ZIP-Archiv von RasPPPoE am besten in ein Verzeichnis auf Ihrer Festplatte, das *C:\Raspppoe* heißt. Legen Sie von der Datei *Raspppoe.exe* eine Verknüpfung auf Ihrem Desktop an, indem Sie sie mit gedrückter rechter Maustaste aus dem Fenster auf den Desktop ziehen und als Verknüpfung ablegen.

2 Wechseln Sie nun zu *Systemsteuerung/ Netzwerk*. Am schnellsten geht das, wenn Sie mit gedrückter [Alt]-Taste auf die Netzwerkumgebung doppelklicken.

3 Nun klicken Sie auf *Hinzufügen* und dann auf *Protokoll* und *Hinzufügen*, um das PPPoE-Protokoll zu installieren.

Einwahl mit Bordmitteln

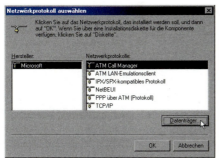

4 Jetzt klicken Sie auf die Schaltfläche *Datenträger*.

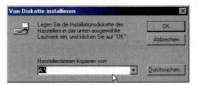

5 Bei diesem Fenster können Sie entweder auf *Durchsuchen* klicken und den Pfad *C:\Raspppoe* auswählen oder den Pfad direkt unter *Herstellerdateien kopieren von* eingeben.

6 Da der Pfad *C:\Raspppoe* sehr kurz ist, geben Sie ihn einfach ein. Falls Sie hier doch auf *Durchsuchen* geklickt haben, finden Sie im Verzeichnis *C:\Raspppoe* drei INF-Dateien, nämlich *Netpppoe.inf*, *Raspppoe.inf* und *Winpppoe.inf*. Wählen hier irgendeine dieser INF-Dateien aus. Es ist egal, welche Sie dabei nehmen.

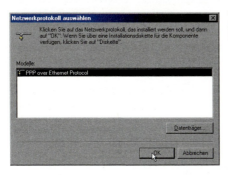

7 Hier sehen Sie nun das neue Protokoll *PPP over Ethernet Protocol*.

T-DSL & ADSL - 53

ADSL optimal installieren und konfigurieren

8 Nun wird das PPPoE-Protokoll installiert. Dabei werden im Allgemeinen noch einige Dateien von der Windows ME-CD kopiert und ein Neustart veranlasst.

Wenn Sie nun bei *Systemsteuerung/Netzwerk/Konfiguration* nachschauen, sollten Sie diese Netzwerkkomponenten sehen.

Auch hier können Sie die Bindung *TCP/IP -> SiS 900 PCI Fast Ethernet Adapter* einfach entfernt haben. Sie können sich das vorläufig sparen und erst nach einer erfolgreichen ADSL-Einwahl nachholen, weil Sie vorher der Netzwerkkarte eine feste, private IP-Adresse gegeben haben. Weitere Informationen hierzu finden Sie auf der Seite 80.

> **Info**
>
> **NDIS-Update unter Windows 98 SE notwendig**
>
> Wenn Sie RasPPPoE unter Windows 98 SE verwenden möchten, sollten Sie ein NDIS-Bugfix für Windows 98 SE von Microsoft einspielen. Das finden Sie bei Microsoft unter:
> support.microsoft.com/support/kb/articles/Q243/1/99.ASP
>
> RasPPPoE weist Sie übrigens auf die Notwendigkeit dieses NDIS-Updates ab Version 0.95 hin, damit Sie es nicht vergessen. Diese Update ist nur für Windows 98 SE erforderlich!

Einwahl mit Bordmitteln

DFÜ-Verbindung zur ADSL-Einwahl erstellen

1 Klicken Sie im Windows-Explorer auf die Datei *Raspppoe.exe* im Verzeichnis *C:\Raspppoe* und dann auf die Schaltfläche *Query Available Services*, um einen ADSL-Funktionstest zu machen.

2 Klicken Sie nun auf *Create a Dial-Up Connection for the selected Adapter*, um eine DFÜ-Netzwerkverbindung für die ADSL-Einwahl zu erzeugen. Natürlich können Sie diese lange Bezeichnung *Connection through SiS 900 PCI Fast Ethernet Adapter* – oder entsprechend Ihrer Netzwerkkartenbezeichnung – umbenennen in *adsl*.

3 Bevor Sie die erste ADSL-Einwahl vornehmen, vergleichen Sie folgende Einstellungen mit den Ihren: Bei *TCP/IP -> DFÜ-Adapter* unter *Eigenschaften* entfernen Sie unter *Bindungen* den Haken bei *Client für Microsoft-Netzwerke*. Die anschließende Meldung *Es wurde kein Treiber für die Bindung gewählt. Möchten Sie jetzt einen Treiber wählen?* beantworten Sie mit *Nein*. Hier darf auch kein Haken bei *Datei- und Druckerfreigabe für Microsoft-Netzwerke* angeklickt sein.

T-DSL & ADSL - 55

ADSL optimal installieren und konfigurieren

Aus Sicherheitsgründen sollte diese Netzwerkkomponente überhaupt nicht installiert oder gelöscht werden.

4 Bei den Eigenschaften der DFÜ-Verbindung *adsl* sollte unter *Netzwerk* nur *TCP/IP* angeklickt sein. Softwarekomprimierung unterstützen ADSL-Provider in der Regel nicht, ansonsten aktivieren Sie diesen Punkt. Der Punkt *Am Netzwerk anmelden*, ein Register weiter unter *Sicherheit*, darf auch nicht angeklickt sein. Hier gibt es zwischen Windows ME und Windows 98 deutliche Unterschiede.

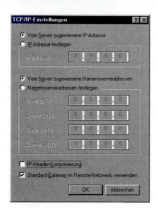

5 Unter *TCP/IP-Einstellungen* deaktivieren Sie in der Regel die *IP-Header-Komprimierung*, die ADSL-Provider meistens nicht unterstützen.

6 Nun geben Sie bei der DFÜ-Verbindung *adsl* Ihre Zugangsdaten ein und klicken auf *Verbinden*. Die Einwahl erfolgt in der Regel sehr schnell. In der Taskleiste sehen Sie das Verbindungssymbol, das die Verbindung mit 10 MBit/s Geschwindigkeit bestätigt.

Einwahl mit Bordmitteln

Das ist allerdings nicht die echte ADSL-Geschwindigkeit, sondern nur die Standardgeschwindigkeit der 10-MBit/s-Netzwerkkarte.

ADSL-Einwahl unter Windows XP Home/Professional

Die Netzwerkvoraussetzungen für eine ADSL-Einwahl unter Windows XP sind natürlich, dass eine Netzwerkkarte vorhanden und installiert ist. Das *Internetprotokoll (TCP/IP)* und der *Client für Microsoft-Netzwerke* sind vorhanden, es sind aber keine Bindungen (Haken) bei der Netzwerkkarte vorhanden.

Das ist bis auf optische Unterschiede genauso wie unter Windows 2000 Professional.

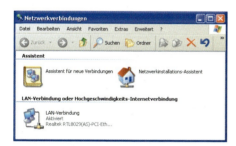

1 Wählen Sie unter *Netzwerkverbindungen* das Symbol *Assistent für neue Verbindungen* und klicken Sie das Begrüßungsfenster mit *Weiter* weg.

2 Dann wählen Sie gleich den ersten Punkt *Verbindung mit dem Internet herstellen* und klicken auf *Weiter.*

T-DSL & ADSL - 57

ADSL optimal installieren und konfigurieren

3 Jetzt wählen Sie die Einstellung *Verbindung manuell einrichten* und klicken wiederum auf *Weiter*.

4 Nun klicken Sie auf *Verbindung über eine Breitbandverbindung herstellen, die Benutzername und Kennwort erfordert* und auf *Weiter*.

5 Hier geben Sie der ADSL-Verbindung einen Namen, z. B. „adsl", und klicken dann auf *Weiter*.

Einwahl mit Bordmitteln

6 Sie können ruhig die Felder des Benutzernamens und des Kennworts erst mal leer lassen und auch die Frage, ob diese Verbindung Ihre Standardverbindung sein soll, außer Acht lassen. Das können Sie nachträglich noch ändern. Die neue Firewallfunktion von Windows XP aktivieren Sie mit einem Haken bei *Internetverbindungsfirewall für diese Verbindung aktivieren*.

7 Zum Abschluss geben Sie noch an, ob Sie eine Verknüpfung der ADSL-Verbindung auf den Desktop haben möchten.

Auf dem Desktop oder unter *Netzwerkverbindungen* finden Sie nun Ihre neue Breitbandverbindung *adsl*.

Sie können also jederzeit die Eigenschaft von *adsl* nachträglich noch ändern.

Zur endgültigen Einwahl geben Sie nun Ihren Benutzernamen und das zugehörige Kennwort ein und klicken dann auf *Verbinden*.

T-DSL & ADSL - 59

ADSL optimal installieren und konfigurieren

Dann erfolgt im Normalfall eine superschnelle Einwahl.

> **Internetverbindungsfirewall aktivieren**
>
> Falls Sie die neue Internetverbindungsfirewall von Windows XP für die Breitbandverbindung *adsl* aktiviert haben, werden alle Pinganfragen aus dem Internet abgeblockt (nicht beantwortet), und sämtliche Ports sind geschützt. Damit ist Ihr PC im Internet unsichtbar und geschützt.

In der Taskleiste sehen Sie dann die typische Bestätigung der Einwahl.

Sie können neben der Microsoft-Unterstützung für eine PPPoE-Einwahl alternativ das Protokoll RasPPPoE ab Version 0.96 installieren. Die Installation erfolgt genauso wie unter Windows 2000: RasPPPoE wird also als Protokoll installiert, wobei Sie Windows XP die Installation des MS-unsignierten Treibers RasPPPoE erlauben müssen.

Sie finden die neue ADSL-Verbindung *adsl* dann allerdings bei *Netzwerkverbindungen* nicht unter den *Breitbandverbindungen*, sondern unter den *DFÜ-Verbindungen*.

60 - T-DSL & ADSL

Den ADSL-PC sicher machen

Ihr ADSL-PC ist mindestens genauso wenig sicher vor Internetangreifern wie bereits mit einer ISDN-Verbindung. Bei einer ADSL-Anbindung kommt verschärfend noch hinzu, dass die Geschwindigkeit wesentlich höher ist bzw. die Internetverbindung ständig oder sogar dauerhaft besteht.

Das bietet potenziellen Angreifern wesentlich mehr Möglichkeiten.

Was gibt es für Sicherheitsprobleme?

Da Sicherheitsaspekte auch sehr komplex sein können und tiefer gehende Kenntnisse von Programmen und Protokollen erfordern, die vor allem immer auf dem neusten Stand sein müssen, zeige ich ihnen hier tabellarisch eine Auswahl der wichtigsten Sicherheitsaspekte, die Sie vor allem als Heimanwender betreffen können, und was Sie dagegen tun können.

Betrachten Sie diese Sicherheitsaspekte und den weiteren im Abschnitt über Mehrplatzsysteme nicht als vollständige Abhandlung des Themas Sicherheit. Das würde den gesteckten Rahmen diese Buchs bei weitem überschreiten.

Sicherheitsaspekt	Bemerkung
Offene TCP/IP-Ports	Offene Ports stellen ein beliebtes Angriffsziel für Hacker dar und sind ein Symptom für Programme oder Dienste, die sich dahinter verbergen können.
	Ein typisches Windows-Problem, das sich in offenen so genannten Windows-Ports (NetBIOS-Ports) zeigt, kann im Extremfall bedeuten, dass Sie Ihre Dateien und Verzeichnisse im Internet offen zugänglich machen. Schlimm ist das bei Privat-anwendern (und nicht nur Privatanwendern), wenn sie sich dessen gar nicht bewusst sind.
	Offene Ports zeigen sich auch dann, wenn Sie bestimmte Programme und Dienste benutzen, nicht immer mit Ihrer Zustimmung, die die Ports offen halten. Missbrauchprogramme, die Ports für bestimmte Dienste öffnen, sind so genannte Trojaner. Die warten manchmal auch an ganz harmlosen Ports, um böses Spiel zu treiben.

Den ADSL-PC sicher machen

Sicherheitsaspekt	Bemerkung
Browsereinstellungen wie Cookies, Java, JavaScript, ActiveX, VBScript etc., Viren, E-Mail-Würmer	Auch wenn Sie durch eine Firewall geschützt sind, die alle Ports bewacht, schützt Sie diese Firewall nicht davor, dass Ihr Browser oder Ihr E-Mail-Programm munter einen Missbrauch mit Ihren Daten betreibt. Im Gegensatz zum Problem offener Ports geht die Gefahr aber nur von den Programmen (Browser etc.) mit entsprechend unsicheren Einstellungen aus. Bekanntlich können Sie bei Windows unter *Systemsteuerung/Internetoptionen/Sicherheit* die verschiedenen Sicherheitszonen (Internet, lokales Intranet, vertrauenswürdige Sites, eingeschränkte Sites) gemäß Ihrem Sicherheitsbedürfnis einstellen. Nutzen Sie diese Möglichkeit so weit, wie es geht. Erwähnenswert sind hierbei auch die E-Mail-Würmer. Leider fällt darunter auch ein so genannter Horax, also eine Falschmeldung über einen vermeintlichen E-Mail-Wurm, der mit echten E-Mail-Gefahren immer wieder verwechselt wird, z. B. der Slatko-Virus.
Sabotagen	Das ist ein Sicherheitsaspekt, der nicht immer mit einem Eindringen in einen PC oder ein Heimnetzwerk zu vergleichen ist und der in den letzten Jahren immer wichtiger geworden ist. Systeme werden durch Anfragen so sehr gestört, dass sie ihre Funktionen nicht mehr oder stark eingeschränkt ausführen können. Solche Probleme werden allgemein als DoS-Angriffe (**D**enial **o**f **S**ervice) oder, einfacher ausgedrückt, als Sabotagen bezeichnet. Das ist ein Problem, das auch vermehrt ADSL-Verbindungen betreffen kann. Ein PC, der an ADSL angeschlossen ist, wird durch so genannte Pinganfragen (Ping-Flooding) so überlastet, dass seine Verbindung zur Vermittlungsstelle zusammenbricht.
Anonymität, Belauschen	Jeder Browser hinterlässt in seiner Grundeinstellung auf jeder Internetseite Spuren. Jede unkodierte Internetverbindung kann von Dritten belauscht werden. Was weniger bekannt ist: In jedem Logbuch des Servers einer Internetseite wird bei Besuchern festgehalten, von welcher Internetseite Sie auf diese gesprungen sind. Das ist übrigens keine Eigenschaft des Servers, sondern von HTTP. Ein Belauschen von sensibleren, z. B. persönlichen Daten wie Kreditkartennummern etc. ist ein generelles Problem im Internet. Zur Anonymisierung einer Internetverbindung können Sie einen so genannten anonymen Proxyserver im Internet benutzen, von denen es einige – auch zur kostenlosen Benutzung – gibt.

Info

Was sind Ports und wann sind sie offen?

Beim Internetprotokoll bedeuten Ports Zahlen für Dienste. Stellen Sie sich darunter Kanäle zwischen 0 und 65.535 vor, über die sich verschiedene Internetdienste trennen lassen. Die Ports von 0 bis 1.023 werden als well-known Ports bezeichnet und enthalten wesentliche Dienste des Internets, z. B. 80 für das HTTP (**H**ypertext **T**ransfer **P**rotocol). Ports können drei Zustände haben: offen, geschlossen und ge-

Netzwerkeinstellungen vornehmen und Konfiguration minimalisieren

 schützt. Ein offener Port wird für aktive Dienste (Server) benutzt und stellt ein potenzielles Angriffsziel dar. Ein geschlossener Port erlaubt keine Dienste, signalisiert aber dem Angreifer, dass ein PC vorhanden ist, der den Port schließt. Ein geschützter Port ist nicht sichtbar. Hat ein PC nur geschützte Ports, ist er im Internet völlig unsichtbar.

Richtige Netzwerkeinstellungen vornehmen und Konfiguration minimalisieren

Entgegen der landläufigen Meinung, dass Sie nur eine vernünftige (Personal) Firewall oder eine Komplettsicherheitslösung zu benutzen brauchen und all Ihre Sicherheitsprobleme seien gelöst, sollte der erste Schritt immer sein, mögliche Unsicherheiten erst gar nicht zu erzeugen und auch nicht mit dem Feuer zu spielen. Wenn Sie ständig auf Internetseiten, denen Sie nicht vertrauen können, alles Mögliche herunterladen, starten und installieren, dann sind Sie durch Ihr Verhalten das eigentliche Sicherheitsproblem. So aktuell können Antivirenprogramme gar nicht sein. Ob Sie Ihr Zugangspasswort speichern oder nicht, haben auch Sie in der Hand. Sie sehen, die Liste dieser Sicherheitsprobleme können Sie entsprechend fortführen.

Das Gleiche gilt auch für Netzwerkeinstellungen. Bevor Sie also eine Personal Firewall einsetzen, sollten Sie Ihre Netzwerkeinstellungen optimieren und alle nicht benötigten Programme, Protokolle und Dienste entfernen. Offene Ports sind z. B. nur ein Symptom dafür, dass Ihr PC entsprechende Protokolle und Dienste beherrscht. Ein typisches Problem dieser Art ist das so genannte Problem *Tag der Offenen Tür bei Windows-PCs*.

Was ist der Tag der Offenen Tür bei Windows-PCs?

Darunter wird einfach verstanden, dass Ihr Windows-PC so konfiguriert ist, dass Ihre Dateien im Internet gesehen, geändert oder sogar gelöscht werden können. Das kann an jedem Windows-PC passieren, an dem eine Internetverbindung hergestellt wird und auf dem absichtlich oder unwissentlich Dateien für ein lokales Windows-Netzwerk freigegeben werden. Die eigentlich nur für ein lokales Netzwerk freigegebenen Dateien sind aber ohne weitere Maßnahmen (Firewall!) leider auch im Internet sichtbar.

Kontrollieren Sie einfach unter *Start/Einstellungen/Systemsteuerung/Netzwerk/Konfiguration* Ihre Netzwerkeinstellungen.

Den ADSL-PC sicher machen

1 Falls Sie die *Datei- und Druckerfreigabe für Windows-Netzwerke* unter Ihren Netzwerkkomponenten finden, dann entfernen Sie sie einfach durch einen Klick auf die Schaltfläche *Entfernen*. Bei einem Einzelplatz ist es sinnlos, diesen Dienst zu installieren. Manche Leute raten, der *Datei- und Druckerfreigabe für Microsoft-Netzwerke* endgültig den Garaus zu machen, indem Sie einfach die Datei *VNBT.386* im Verzeichnis *\Windows\System* umbenennen.

Nur leider nützt das – zumindest unter Windows ME – nicht viel: Die Datei kommt immer wieder.

2 Unter *TCP -> DFÜ-Adapter* bei ADSL mit PPPoE und allen vergleichbaren Bindungen wie *TCP -> DFÜ-Adapter #2 (VPN-Unterstützung)* oder *TCP -> Netzwerkkarte* bei einer allgemeinen ADSL-Verbindung achten Sie darauf, dass hier nicht der *Client für Microsoft-Netzwerke* eingebunden ist, also kein Haken vorhanden ist. Da die Eigenschaft der DFÜ-Adapterbindung alle DFÜ-Verbindungen betrifft, sollten Sie sich im Zweifelsfall bei Ihrem zuständigen System- bzw. Netzwerkverwalter erkundigen, ob Sie diese Bindung entfernen dürfen.

Sie brauchen an einem Einzelplatz den *Client für Microsoft-Netzwerke* im Prinzip überhaupt nicht. Auch ohne ihn wird die ADSL-Einwahl gelingen. Sie können allerdings beobachten, dass die Netzwerkumgebung auf dem Desktop verschwindet, was nicht weiter schlimm ist, und dass Sie bei einer ADSL-Einwahl Ihr Zugangspasswort nicht speichern können. Unter dem Sicherheitsaspekt ist das sowieso besser.

Netzwerkeinstellungen vornehmen und Konfiguration minimalisieren

Wenn Sie doch z. B. in Verbindung mit einem Heimnetzwerk die *Datei- und Druckerfreigabe für Microsoft-Netzwerke* installieren, achten Sie auf jeden Fall darauf, dass in der oben dargestellen TCP/IP-Bindung des DFÜ-Adapters bzw. der Netzwerkkarte kein Haken bei *Datei- und Druckerfreigabe für Microsoft-Netzwerke* vorhanden ist. Die gleichzeitige Benutzung eines Fileservers unter Windows 98/ME und ständiger ADSL-Verbindungen ist allerdings nicht zu empfehlen.

Falls Sie das wirklich machen möchten, geben Sie keine Freigaben ohne Kennwörter frei. Das ist aber kein wirklicher Schutz.

Nutzen Sie die Sicherheitseinstellungen, die Sie unter *Start/Einstellungen/Systemsteuerung/Internetoptionen/Sicherheit* für die verschiedenen Zonen vornehmen können. Hier ist die Schaltzentrale für Browsereinstellungen wie Cookies, Java, JavaScript, ActiveX, VBScript etc. gegen das Problem des Herunterladens oder Aktivierens von Programmen und Skripten (Stichwort: Viren und E-Mail-Würmern).

Als weitere Minimalisierung sollten Sie alle Netzwerkprotokolle, Netzwerkdienste und Internetprogramme, die Sie nicht benötigen, entfernen bzw. deaktivieren.

An dieser Stelle ist es immer hilfreich, wenn Sie etwas Kenntnisse über Netzwerkprotokolle und Internetprogramme mitbringen können.

Den ADSL-PC sicher machen

Firewalls und andere Sicherheitstools

Jede Softwarelösung, z. B. eine Personal Firewall, ist auch nur ein Programm, das unter Windows läuft.

Die Stabilitätsprobleme und Probleme mit der Zuverlässigkeit von Windows 98 sind Ihnen bestimmt bekannt. Das hat sich leider auch nicht beim Windows 98-Nachfolger Windows ME geändert. Falls also deshalb Ihre Personal Firewall unter Windows mal nicht funktioniert, stellen die obigen Netzwerk- und Interneteinstellungen einen Mindestschutz Ihres PCs dar.

Eine übliche Firewall für einen Einzelplatz stellt eine Personal Firewall oder ein Komplettpaket dar, das auch noch die anderen oben erwähnten Sicherheitsprobleme auf der Anwendungsebene bekämpft:

Ihr Browser schickt trotz richtiger Netzwerkeinstellungen über Java, JavaScript oder eine ActiveX-Komponente doch den Inhalt eines Bereichs Ihrer lokalen Festplatte ins Internet.

> **Info**
>
> **Weiterer Schutz durch das Betriebssystem**
>
> Ein guter Schutz vor unerlaubtem Starten und Installieren von Programmen und Angriffen auf Festplattenbereiche durch Java, JavaScript, VBScript, ActiveX etc. stellt bei einem leistungsfähigen Betriebssystem bereits das Sicherheitskonzept des Betriebssystems selbst dar. So können Sie bei Windows NT 4.0/2000/XP Professional bereits durch die Zuweisung von entsprechenden Benutzerrechten das Ausführen und komplette Zugreifen auf Bereiche einer lokalen Festplatte sperren. Dabei sollte das sichere Dateisystem NTFS/NTFS5 entsprechende Festplattenbereiche schützen. Es ist schade, dass sich solche Windows-Versionen nicht in großen Mengen bei Privatanwendern durchgesetzt haben. In der Regel haben Sie als Privatanwender Windows 98/ME, das in diesem Punkt überhaupt keine Sicherheitsfunktionen bietet. Aber selbst wenn Sie als Privatanwender Windows 2000 parallel zu einer Windows 98-Installation konfiguriert haben, besitzen Sie in der Regel keine NTFS-Partition. In den meisten Fällen haben Sie entweder nur eine Partition, die eine FAT32-Partition ist, was Sie nicht ändern können, weil Sie sonst Windows 98/ME nicht starten können, oder Sie sparen sich bei mehreren Partitionen eine NTFS-Partition, weil dieser Festplattenbereich dann unter Windows 98/ME nicht lesbar, also verloren ist.

Firewalls und andere Sicherheitstools

Bei Windows XP Home und Professional gibt es zum ersten Mal eine eingebaute Personal Firewall, die Internetverbindungsfirewall. Wenn Sie diese aktivieren, sind alle Ports geschützt, und Ihr PC antwortet nicht auf Pinganfragen, was ihn unempfindlich gegenüber einer Sabotage durch so genanntes Ping-Flooding macht.

Als Personal Firewall können Sie z. B. ZoneAlarm von ZoneLabs, www.zonelabs.com, verwenden, die sehr bekannt und für Privatanwender kostenlos ist. Sie finden in den restlichen Abschnitten dieses Buchs einige Anwendungsbeispiele für ZoneAlarm. Interessant ist ZoneAlarm bereits in seiner Grundfunktion durch die Meldung, welche Anwendung versucht, eine Interverbindung aufzubauen. Mit ZoneAlarm lassen sich die Ports des PCs schützen und eine Sabotage z. B. durch Ping-Flooding verhindern.

Wenn Sie wesentlich mehr Einstellungen bei Ihrer Personal Firewall selbst vornehmen möchten, dann ist die Sygate Personal Firewall von Sybergen, www.sybergen.com, interessant. Hier können Sie nicht nur Ihre Sicherheit optimieren, sondern auch noch Einstellungen vornehmen, damit Ihre Internetanwendung trotz Personal Firewall auch funktioniert. Benutzen Sie Sygate Personal Firewall nicht in Verbindung mit der Internetverbindungs-

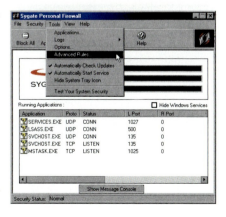

T-DSL & ADSL - 67

Den ADSL-PC sicher machen

freigabe von Windows, da sich beide nicht miteinander vertragen. Passend zur Sygate Personal Firewall können Sie den Softwarerouter von Sygate verwenden.

Der alltägliche Widerspruch: Sicherheit und Flexibilität

In der Praxis kommt es häufiger vor, dass Sie Anwendungen trotz einer eingesetzten Personal Firewall lauffähig machen möchten. Personal Firewalls, die nur ein paar Security-Stufen besitzen, sind dabei allerdings nicht optimal, so einfach das auch für Anwender sein mag. Ein typisches Problem mit einer Personal Firewall ist, dass Sie bestimmte Ports oder Protokolle erlauben möchten, die für eine Anwendung wichtig sind, und ansonsten maximal mögliche Sicherheit gewährleistet haben wollen. Für eine Optimierung des täglichen Widerspruchs zwischen Sicherheit und Flexibilität benötigen Sie aber auf jeden Fall genauere Kenntnisse über Ports und Protokolle und die Wirkungsweise der Anwendung, die Sie trotz Personal Firewall lauffähig machen möchten.

Gute Dienste für einen solchen Optimierungsvorgang leistet z. B. die oben erwähnte Sygate Personal Firewall von Sybergen:
www.sybergen.com

Hier können Sie unter *Anvanced Rule Settings* eigene Firewallregeln definieren, die festlegen, welche Pakete vom und zum Internet erlaubt und welche abgeblockt werden sollen.

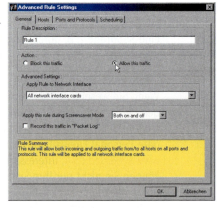

Die Sicherheit checken: im Internet und mit Tools

Sicherheitscheck im Internet

Eine gute deutsche Anlaufstelle für einen Sicherheitscheck ist der Onlinesicherheitstest des Landesbeauftragten für den Datenschutz Niedersachsens unter www.lfd.niedersachsen.de/service/service_selbstt.html.

Hier können Sie in drei Phasen den Sicherheitsstatus Ihres PCs durchchecken lassen:

- Browsereinstellungen: *Cookies, JavaScript, Java, ActiveX* und *VBScript*

- Suche nach Windows-Freigaben: Problem *Tag der offenen Tür bei Windows-PCs*

Den ADSL-PC sicher machen

- Portscan:
  Hier können Sie testen lassen, ob Ihr PC gegenüber so ge-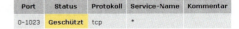
  nanntem Ping-Flooding anfällig ist, was bei ADSL eine beliebte Sabotageaktion ist. Außerdem können Sie hier entweder die wichtigsten, die so genannten well-known Ports (0-1.023) oder alle Ports (0-65.535) durchscannen lassen.

Wenn Sie einen genaueren Portscan durchführen möchten, dann ist die Security-Seite von Sygate (www.sygate.com), *Sygate Online Services*, unter scan.sygatetech.com empfehlenswert. Dazu sollten Sie etwas Zeit mitbringen.

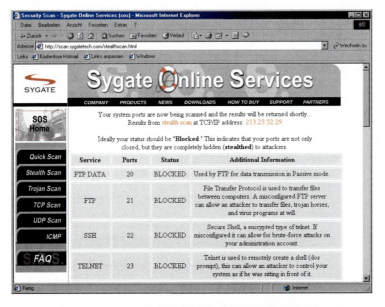

Eine international bekannte Sicherheitscheckseite für Windows-PCs ist *Shields UP!™ Internet Connection Security for Windows Users* von Steve Gibson – Gibson Research Corporation – unter: https://grc.com

Die Sicherheit checken: im Internet und mit Tools

Für die Thematik der Anonymität im Internet gibt es eine interessante Seite: *Projekt Anonymität im Internet – PRIVACY AND ANONYMITY IN THE INTERNET* unter:
www.inf.tu-dresden.de/~hf2/anon/index.html

Sicherheitscheck mit Tools

Die nahe liegendsten Tools sind meistens bereits in Ihr Betriebssystem integriert. Bezeichnenderweise glauben immer viele Anwender, sie müssten sich für diverse Aufgabenstellungen immer gleich zusätzliche Tools installieren, anstatt die Möglichkeiten ihres Betriebssystems voll auszunutzen. Mit einem einfachen DOS-Befehl in der MS-DOS-Eingabeaufforderung können Sie feststellen, auf welchen Ports Windows wacht bzw. auf welchen Ports aktive Verbindungen hergestellt wurden:

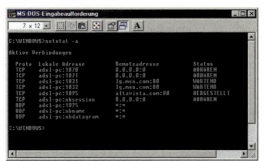

1 Geben Sie in der MS-DOS-Eingabeaufforderung z. B. „netstat -a" ein. Damit werden Ihnen alle Ports und IP-Adressen angezeigt, an denen Windows Verbindungen von einer *Remoteadresse* (Internet) mit Ihrem PC, der *Lokalen Adresse*, hergestellt hat. Der ADSL-PC ist also gerade auf der Seite altavista.com zum Surfen (Port = 80). In der Spalte *Proto* (Protokoll) sehen Sie unten Einträge mit der Bezeichnung *UDP* (und auch *TCP*). Das sind Bereiche, bei denen Ihr ADSL-PC an bestimmten Ports auf UDP-Verbindungen wacht. UDP ist eins der drei Grundprotokolle (TCP, UDP und ICMP) des Internetprotokolls TCP/IP, siehe auch Seite 50. Solche Bereiche des Wachens und der Herstellung geben Ihnen einen schnellen Überblick über problematische offene Ports. Das können auch Trojanerports sein!

2 Wenn Sie die Liste dieser Verbindungen zwischen Ihrem PC (*Lokale Adresse*) und dem

Den ADSL-PC sicher machen

Internet (*Remoteadresse*) in der reinen IP-Adressen/Port-Darstellung sehen möchten, dann fügen Sie einfach die Option *-n* hinzu und geben ein: „netstat -an". Die IP-Adresse auf der linken Seite, hier 213.23.52.190, ist einfach Ihre momentane IP-Adresse im Internet. Die Ports 137, 138 und 139 in der Darstellung 213.23.52.190:137, 213.23.52.190:138 und 213.23.52.190:139 sind die Windows-Ports, die so genannten NetBIOS-Ports (137-139), die Windows für ein TCP/IP-Netzwerk benutzt und die verantwortlich für das Problem *Tag der Offenen Tür bei Windows* sind. Falls Sie bei einer größeren Liste bei *netstat* Probleme mit dem Scrollen bekommen, benutzen Sie einfach den Befehl *netstat -an | more*. Dann wartet Windows auf einen Tastendruck vorm Weiterscrollen. Das Zeichen | finden Sie auf der Tastatur übrigens bei [AltGr]+[<] (ein senkrechter Strich).

Neben *netstat* gibt es noch weitere Befehle, die für Netzwerker hilfreich sind: *nbtstat, tracert, ping, arp, nslookup, ipconfig* und *winipcfg*. Bei Eingabe dieser Befehle in der (MS-DOS-)Eingabeaufforderung oder in der Windows-Hilfe erhalten Sie weitere Hinweise über diese Befehle und ihre Möglichkeiten.

Für Portscans finden Sie im Internet auch genügend Tools, wobei Sie aber beim Scannen der Ports an Ihrem zu untersuchenden ADSL-PC das Problem haben, dass ein Portscannen vom Internet aus, von außen sozusagen, anders ausfällt als von innen, nämlich direkt an Ihrem PC. Optimaler führen Sie einen Portscan Ihres

Die Sicherheit checken: im Internet und mit Tools

ADSL-PCs an einem unabhängigen anderen PC mit einer anderen Internetverbindung durch, wobei Sie als IP-Adresse dann die IP-Adresse des zu scannenden ADSL-PCs im Internet verwenden.

> **Einsatz von Scantools**
>
> Leider werden solche Tools auch von Leuten benutzt, die Böses im Schilde führen. Ihr Einsatz ist aber zum Testen von Schwachstellen am eigenen PC oder in einem Netzwerk ein gutes Mittel und nichts Verbotenes. Jeder Programmierer erstellt sich schnell mit C++ oder einfach mit Perl eine kleine Routine, die das TCP/IP-Protokoll genauer durchleuchten kann. Das ist kein Geheimnis.

Den ADSL-Anschluss nutzen

Nachdem Sie ADSL erfolgreich installiert, konfiguriert und Ihren PC ggf. sicher gemacht haben, möchten Sie nun endlich ADSL nutzen. Auf den folgenden Seiten zeige ich Ihnen, wie sie häufig auftretende Probleme lösen und ADSL optimal einsetzen können.

Schneller einwählen

Es gibt drei mögliche Gründe, warum eine ADSL-Einwahl länger dauert:

- Der Provider bereitet Einwahlprobleme.
- Der verwendete Einwahltreiber (z. B. PPPoE) ist veraltet.
- Netzwerk- und Interneteinstellungen Ihres PCs verlangsamen die Einwahl zusätzlich.

Die ersten beiden Punkte sind schnell geklärt: Wenden Sie sich an Ihren Provider zur Klärung und Behebung der Einwahlprobleme bzw. verwenden Sie den neusten Einwahltreiber. Zur Optimierung der Einstellungen zur schnelleren Einwahl müssen einige Fälle des verwendeten ADSL-Typs und des Betriebssystems unterschieden werden.

Die klassische ADSL-Einwahl erfolgt über das DFÜ-Netzwerk mit dem zusätzlichen ADSL-Protokoll PPP over Ethernet (PPPoE). Kontrollieren Sie nun die Eigenschaften der DFÜ-Verbindung zur ADSL-Einwahl:

Unter Windows 98/ME

1 Klicken Sie auf das Symbol *DFÜ-Netzwerk* und bearbeiten Sie die Eigenschaften der DFÜ-Verbindung zur ADSL-Einwahl, indem Sie mit der rechten Maustaste den Menüpunkt *Eigenschaften* anwählen.

Schneller einwählen

Unter Windows ME:

2 Auf dem Register *Netzwerk* sollte unter *Zulässige Netzwerkprotokolle* nur ein Haken bei *TCP/IP* sein. Achten Sie besonders bei der Verwendung weiterer Netzwerkprotokolle, z. B. NETBEUI, darauf, dass Sie nur das Internetprotokoll (TCP/IP) für die ADSL-Einwahl zulassen. Wenn Sie den Einwahlrechner auch noch mit Ihrem Heimnetzwerk, das noch ein anderes Netzwerkprotokoll außer TCP/IP benutzt, verbunden haben, sollten Sie hier also besonders darauf achten. In der Regel erhalten Sie sogar eine Fehlermeldung, falls Sie sich noch mit anderen Netzwerkprotokollen als TCP/IP in ADSL einzuwählen versuchen. Meistens unterstützen ADSL-Provider keine Softwarekomprimierung. Unter *Erweiterte Optionen* deaktivieren Sie *Softwarekomprimierung aktivieren*.

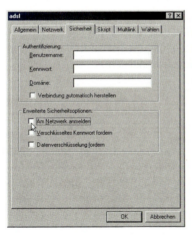

3 Eine klassische Einwahlbremse ist eine unnötige Netzwerkanmeldung: Unter dem nächsten Register *Sicherheit* sollte unter *Erweiterte Sicherheitsoptionen Am Netzwerk anmelden* deaktiviert sein.

T-DSL & ADSL - 75

Den ADSL-Anschluss nutzen

Unter Windows 98:

2+3 Hier besteht ein gravierender Unterschied zwischen Windows 98 und Windows ME. Die beide Register *Netzwerk* und *Sicherheit* befinden sich hier auf einem Fenster unter dem Register *Servertypen*. Merken Sie sich einfach: Hier sollte in der Regel nur der Punkt *TCP/IP* unter *Zulässige Netzwerkprotokolle* aktiviert sein. Falls der ADSL-Provider doch die so genannte Softwarekomprimierung von Windows 98 unterstützt, können Sie unter *Erweiterte Optionen* den Punkt *Softwarekomprimierung aktivieren* wieder anklicken.

4 Bei Windows 98 auf dem Register *Servertypen* und bei Windows ME unter *Netzwerk* finden Sie die *TCP/IP-Einstellungen*. Hier können Sie den Punkt *IP-Headerkomprimierung verwenden* deaktivieren, da sie in der Regel von ADSL-Providern nicht unterstützt wird. Diese Einstellung müssen Sie sehr oft ändern, weil bei einer beliebigen neuen DFÜ-Netzwerkverbindung die IP-Headerkompri-mierung voreingestellt aktiviert ist.

5 Unter *Start/Einstellungen/Systemsteuerung/Netzwerk* finden Sie alle installierten Netzwerkkomponenten: Ihre Netzwerkkarte, das TCP/IP-Protokoll (genauer die Bindungen an das TCP/IP-Protokoll), den *Client für Microsoft-Netzwerke*, das *PPP over Ethernet Protocol* (PPPoE) und mögliche weitere Ihrer Netzwerkprotokolle. Klicken Sie nun bei markierter Zeile *TCP/IP -> DFÜ-Adapter* auf *Eigenschaften*.

T-DSL & ADSL

Schneller einwählen

6 Auf dem Register *Bindungen* können Sie alle Bindungen deaktivieren. Hier sollte auf jeden Fall nicht die *Datei- und Druckerfreigabe für Windows-Netzwerke* stehen und aktiviert sein. Am besten deinstallieren Sie die *Datei- und Druckerfreigabe* ganz, falls Sie sie nicht brauchen. Für die ADSL-Einwahl brauchen Sie sogar den *Client für Microsoft-Netzwerke* nicht. Beachten Sie, dass Sie hier die Eigenschaften aller DFÜ-Netzwerkverbindungen bearbeiten. Falls Sie nicht sicher sind, ob Sie die Bindung an den *Client für Microsoft-Netzwerke* für die DFÜ-Netzwerkverbindung z. B. in ein Firmennetz entfernen dürfen, fragen Sie Ihren System- bzw. Netzwerkverwalter.

7 Auf dem Register *Erweitert* sollte unter der Eigenschaft *Bindung an ATM zulassen* bei Wert *Nein* stehen. Voreingestellt ist der Wert *Nein*.

Unter Windows 2000

1 Führen Sie mit gedrückter [Alt]-Taste einen Doppelklick auf das Symbol *Netzwerkumgebung* auf dem Desktop aus, um am schnellsten zu den *Netzwerk- und DFÜ-Verbindungen* zu gelangen. Bearbeiten Sie die Eigenschaften der DFÜ-Verbindung zur ADSL-Einwahl, indem Sie mit der rechten Maustaste den Menüpunkt *Eigenschaften* anwählen.

T-DSL & ADSL - 77

Den ADSL-Anschluss nutzen

2 Unter dem Register *Netzwerk* sehen Sie bei Windows 2000 immer alle Netzwerkkomponenten, die Sie installiert haben. Achten Sie darauf, dass Sie hier nur das *Internetprotokoll (TCP/IP)* aktiviert haben, also nur ein Haken bei *TCP/IP* vorhanden ist. Das *NETBEUI-Protokoll* soll hier nur andeuten, dass Sie möglicherweise Ihren ADSL-Einwahlrechner noch mit anderen Protokollen in einem Netzwerk oder für ein DFÜ-Netzwerk benutzen. Es ist allerdings immer das Beste, wenn Sie nur die Dienste und Protokolle installiert haben, die Sie wirklich brauchen. Falls Sie also nur einen Einzelplatzrechner in ADSL einwählen lassen möchten, brauchen Sie lediglich das *Internetprotokoll (TCP/IP)* und kein anderes Netzwerkprotokoll.

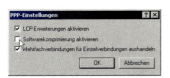

3 Die Softwarekomprimierung finden Sie unter *Einstellungen*. In der Regel können Sie den Haken bei *Softwarekomprimierung aktivieren* entfernen, nämlich dann, wenn der Provider keine Softwarekomprimierung unterstützt.

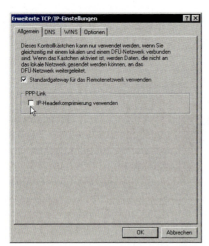

4 Die IP-Headerkomprimierung ist bei Windows 2000 etwas versteckt. Klicken Sie bei der aktivierten Komponente *Internetprotokoll (TCP/IP)* auf *Eigenschaften* und dann auf *Erweitert*. Im Register *Allgemein* deaktivieren Sie unter *PPP-Link* das Kontrollkästchen *IP-Headerkomprimierung verwenden* natürlich nur, wenn Ihr Provider keine IP-Headerkomprimierung unterstützt, was die Regel ist.

Wie Sie Hänger beheben, die seit der ADSL-Installation neu sind

Wenn Sie bei Windows 98 SE in Verbindung mit dem ADSL-Protokoll wie RasPP-PoE Hänger beim Rauf- und Runterfahren haben, dann liegt das in den meisten Fällen an einem Bug in der so genannten NDIS-WAN-Unterstützung von Windows 98 SE (**S**econd **E**dition = zweite Ausgabe).

> **NDIS-Bugfix ist nur für die zweite Ausgabe von Windows 98**
>
> Spielen Sie das NDIS-Bugfix nur für Windows 98 SE ein. Weder für Windows 98 noch für Windows ME ist das erforderlich. Bei Windows 95 ist das uninteressant, weil RasPPPoE erst ab Windows 98 benutzt werden kann.

Laden Sie das NDIS-Bugfix (Q243199) unter support.microsoft.com/support/kb/articles/Q243/1/99.ASP bei Microsoft für Ihre Sprache runter, installieren es und machen einen Neustart.

243199GER8.EXE

> **Achtung, fehlerhafte Originaldatei!**
>
> Achten Sie darauf, dass bei zukünftigen Konfigurationen nicht wieder die fehlerhafte Originaldatei *Ndis.vxd* der Windows 98 SE-CD installiert wird.
>
> Da nach diesem Update unter anderem die Datei *Ndis.vxd* ein neueres Datum hat als die Version auf der Original-98 SE-CD, werden Sie allerdings mit schöner Regelmäßigkeit mit dem folgendem Fenster genervt:
>
>
>
> Diese Frage sollten Sie also mit *Ja* beantworten, damit Sie die aktualisierte (neuere) Datei behalten.

Ein zweiter, typischer Grund für Hänger ist eine falsche Bindung an das Internetprotokoll TCP/IP. Wenn Sie bei ADSL mit dem Protokoll **PPP o**ver **E**thernet (PPPoE), also bei Arcor-DSL, T-DSL und vergleichbarem ADSL, die Netzwerkkarte an das Internetprotokoll (TCP/IP) gebunden lassen mit der Einstellung *IP-Adresse automatisch beziehen*, wartet die Netzwerkkarte auf die Zuteilung einer IP-Adresse, was bei PPPoE sinnlos ist und in den meisten Fällen zu Wartezeiten und Hängern während und auch nach einer ADSL-Verbindung führt. Mein klarer Rat für einen Einzelplatzrechner ist, die Bindung der Netzwerkkarte an das Internetprotokoll (TCP/IP) zu entfernen:

Den ADSL-Anschluss nutzen

Netzwerk

1 Klicken Sie unter *Start/Einstellungen/Systemsteuerung* auf das Symbol *Netzwerk*. Schneller können Sie mit einem Doppelklick bei gleichzeitig gedrückter [Alt]-Taste auf das Symbol *Netzwerkumgebung* auf dem Desktop hierhin kommen.

2 Unter *Konfiguration* sehen Sie alle Ihre installierten Netzwerkkomponenten. Hier finden Sie unter anderem Ihre Netzwerkkarte wieder, in diesem Fall den *SiS 900 PCI Fast Ethernet Adapter*. Die Bindung der Netzwerkkarte an das TCP/IP-Protokoll erkennen Sie an dem Eintrag *TCP/IP -> SiS 900 PCI Fast Ethernet Adapter*. Klicken Sie auf diese Zeile und dann auf *Entfernen*. Weitere Einträge der Form *TCP/IP -> ...* sollten Sie nicht entfernen, wenn Sie nicht genau wissen, was sie bedeuten. Wenn Sie z. B. die AOL-Software für DSL installiert haben, werden Sie einige *TCP/IP-Bindungen* erkennen können.

Warum wird das TCP/IP-Protokoll entfernt? Das wird doch für jede Internetverbindung benötigt!

Info

Sie haben Recht, das Internetprotokoll (TCP/IP) darf gar nicht entfernt werden. Es wird hier auch gar nicht das Internetprotokoll entfernt, sondern nur eine so genannte Bindung einer Komponente daran. Sie dürfen die Bindung der Netzwerkkarte an das Internetprotokoll entfernen und die an den DFÜ-Adapter eben nicht, was bei den installierten Netzwerkkomponenten mit einem Pfeil (->) dargestellt wird: *TCP/IP -> DFÜ-Adapter*.

Verwechseln Sie nicht die IP-Adresse fürs Internet, die dem DFÜ-Adapter (nicht die Netzwerkkarte selbst) zugewiesen wird, mit einer möglichen privaten IP-Adresse der Netzwerkkarte. Bei PPPoE wird für die Internetverbindung nicht die Netzwerkkarte selbst, sondern der DFÜ-Adapter als so genannte virtuelle Netzwerkkarte benutzt.

Wie Sie Hänger beheben, die seit der ADSL-Installation neu sind

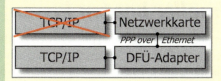

Deshalb können Sie problemlos die TCP/IP-Bindung der Netzwerkkarte entfernen.

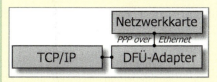

Diese Empfehlung ist typisch für ADSL mit dem Einwahlprotokoll PPP over Ethernet, wie es bei Arcor-DSL, T-DSL und vergleichbarem ADSL derzeit eingesetzt wird, gilt aber nicht für alle ADSL-Varianten.

Falls Sie eine ADSL-Variante benutzen, die nur mit dem Internetprotokoll (TCP/IP) ohne ein zusätzliches ADSL-Protokoll wie PPPoE angesteuert wird, brauchen Sie die Netzwerkkarte nur mit der TCP/IP-Einstellung *IP-Adresse automatisch beziehen* im Register *IP-Adresse* eingestellt zu lassen und entfernen nicht die Bindung der Netzwerkkarte an das TCP/IP-Protokoll.

DHCP bedeutet **D**ynamic **H**ost **C**onfiguration **P**rotocol und stellt vereinfacht eine Methode dar, wie von zentraler Stelle aus anfragenden Rechnern (Hosts) automatisch Ihre notwendigen Daten fürs Internet zugeordnet werden, also unter anderem die IP-Adresse, die Subnet-Maske, die IP-Adressen der DNS-Server etc. Wenn ein Rechner zu verschiedenen Zeiten eine IP-Adresse von einem DHCP-Server zugeordnet bekommt, besitzt er in der Regel nicht immer dieselbe IP-Adresse. Sie wird dann dynamisch genannt.

Bei der ADSL-Variante mit dem VPN-Protokoll PPTP von Microsoft entfernen Sie in der Regel auch nicht die Bindung der Netzwerkkarte an das TCP/IP-Protokoll.

Den ADSL-Anschluss nutzen

Wie Sie den PC schneller booten lassen

Eine mögliche Verlangsamung kann die Bindung der Netzwerkkkarte an das TCP/IP-Protokoll besonders unter Windows 98 bewirken. Entfernen bzw. deaktivieren Sie diese bei Verwendung des Einwahlprotokolls PPPoE, wie das in der vorherigen Frage erläutert wurde.

Ein zweiter möglicher Grund für längeres Booten können einige Netzwerkeinstellungen sein:

1 Klicken Sie bei *Start/Einstellungen/Systemsteuerung/Netzwerk* unter *Konfiguration* auf die Zeile *Client für Microsoft-Netzwerke* und dann auf die Schaltfläche *Eigenschaften*.

2 Klicken Sie hier unter *Netzwerkanmeldeoptionen* auf die Option *Schnelle Anmeldung*. In der Regel brauchen Sie sogar für eine ADSL-Einwahl den *Client für Microsoft-Netzwerk* überhaupt nicht, was allerdings bedeutet, dass Sie bei der Eingabe Ihrer Zugangsdaten das Kennwort nicht speichern können. Aus Sicherheitsgründen ist es sowieso ratsam, das Kennwort für eine Internetverbindung nicht zu speichern. Die Entfernung des *Clients für Microsoft-Netzwerke* hat allerdings noch weitere Folgen, die Sie möglicherweise nicht möchten. Fragen Sie in Zweifelsfällen Ihren zuständigen System- bzw. Netzwerkverwalter, ob Sie das problemlos dürfen.

3 Wählen Sie unter *Primäre Netzwerkanmeldung* die Einstellung *Windows-Anmeldung*, damit Sie nicht bei jedem Booten mit einem Anmeldungsfenster belästigt werden.

Warum „friert" die Verbindung nach einer gewissen Surfdauer ein?

Einen möglichen Grund für ein Einfrieren der Verbindung kennen Sie bereits schon: IRQ-Probleme. Untersuchen Sie, ob es hartnäckige IRQ-Probleme gibt, ob also ein und mehrere Hardwarekomponenten denselben oder keinen eigenen IRQ haben. Eine Strategie zum Auffinden und Lösen solcher Probleme können Sie im Abschnitt „Netzwerkkarte einbauen: Hinweise und Tipps" lesen.

An zweiter Stelle können zu alte Netzwerkkartentreiber zu einem Einfrieren der Verbindung führen bzw. Chipsätze der Netzwerkkarte, die sich nicht mit den Chipsätzen anderer Hardwarekomponenten bzw. des Mainboards vertragen. Versuchen Sie also durch Updaten des Netzwerkkartentreibers das Problem zu lösen. Hartnäckige Unverträglichkeiten von Chipsätzen lassen sich im Extremfall durch eine Radikalkur lösen: Verwenden Sie einfach – zumindest testweise – eine andere, vielleicht sogar bessere Netzwerkkarte. In der Regel kann ein Netzwerkkartenwechsel Wunder bewirken.

Last, but not least verursacht leider oft der so genannte Enerigesparmodus, der im BIOS aktiviert bzw. spezifiziert wird, genau dieses Problem.

Probleme durch den Energiesparmodus

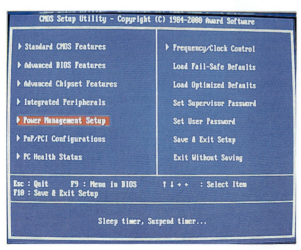

1 Sie betreten das BIOS meistens beim ersten Hochfahren Ihres PCs, wenn Sie im richtigen Moment eine bestimmte Taste drücken. Meistens ist das die [Entf]-Taste.

In der Regel finden Sie den Energiesparmodus im BIOS unter dem Menüpunkt *Power Management Setup*.

Den ADSL-Anschluss nutzen

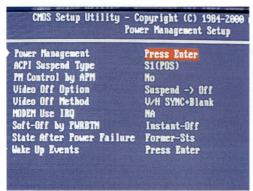

2 Unter *Power Management* können Sie bei *Press Enter* die wichtigsten Energiesparoptionen einstellen, wobei sicherlich das Abschalten der Festplatte zur Energieeinsparung keinen Einfluss auf das korrekte Dauerfunktionieren der Netzwerkkarte hat. Interessant für eine Problemlösung kann auch der Menüpunkt *Wake Up Events* sein. Dort finden Sie eine IRQ-Einstellung, die direkt für das Aufwachen der Netzwerkkarte aus dem Energiesparmodus verantwortlich ist.

Es gibt Netzwerkkarten, und zwar meistens die, die für die Benutzung in Laptops konzipiert sind, deren Treiber eine Abschaltung zum Stromsparen ermöglichen.

1 Unter *Start/Einstellungen/Systemsteuerung/System* im Geräte-Manager klicken Sie unter *Netzwerkkarten* bei Ihrer Netzwerkkarte, hier ist es der *SiS 900 Fast Ethernet Adapter*, auf *Eigenschaften*.

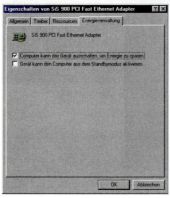

2 Hier finden Sie unter *Energieverwaltung* die Option *Computer kann das Gerät ausschalten, um Energie zu sparen*. Diese Option ist in der Regel unproblematisch. In Zweifelsfällen deaktivieren Sie diese Option und schauen, ob das Einfrierproblem behoben ist. Meistens bewirkt aber eher die oben erwähnte BIOS-Einstellung unter *Power Management Setup* eine Lösung des Problems.

Die oben erwähnten Maßnahmen können das Einfrierproblem lösen, müssen aber nicht. Leider gibt es auch Wechselwirkungen von Treibern anderer Komponenten untereinander, die derartige Probleme verursachen können, insbesondere dann, wenn Sie eine größere Einwahlsoftware Ihres Providers benutzen. Versuchen Sie in diesem Fall einfach eine ADSL-Einwahl mit Bordmitteln vorzunehmen, wie das im vorherigen Abschnitt erläutert wurde. Weniger ist meistens mehr: Minimale Lösungen wie die Einwahl mit Bordmitteln des Betriebssystems sind immer unproblematischer als größere Softwarepakete. Die Einwahl mit Bordmitteln statt mit der Einwahlsoftware des Providers setzt voraus, dass Ihnen Ihr ADSL-Provider diese Möglichkeit lässt, also nicht so wie bei AOL-DSL.

Falls Sie auch mit puren Bordmitteln das Problem haben, dass die Verbindung einfriert, rate ich Ihnen, die Konfiguration zu minimalisieren, um Schritt für Schritt den Verursacher des Problems zu finden. Eine bei Windows-Anwendern übliche Neuinstallation von Windows ist bei der Verwendung von Netzwerkkomponenten in der Regel nicht nötig. Es reicht meistens, den kompletten Netzwerkanteil zu deinstallieren und wieder sauber neu zu installieren. Das ist zwar etwas Arbeit, aber längst nicht so viel, wie eine komplette Windows-Neuinstallation durchzuführen.

Wie schnell sind Sie wirklich?

Eine der häufigsten Fragen nach einer ersten ADSL-Einwahl ist wohl, ob Sie denn auch die superschnelle Internetverbindung haben, die Sie gemäß den Leistungsdaten Ihres ADSL-Anschlusses erwarten können. Es ist ein beliebter Sport von ADSLern, ihre Downloadraten zu testen und bei jeder Internetaktivität darauf zu achten, dass die Performance wirklich ADSL-typisch ist.

Sie können feststellen, dass die Downloadraten, die z. B. vom Netscape Communicator oder vom Internet Explorer beim Download größerer Dateien angegeben werden, ziemlich unterschiedlich ausfallen. Das Gleiche gilt auch für die Benutzung von Downloadtools wie GetRight oder Go!Zilla.

Info: Downloadraten sind keine festen Größen und können auch bei ADSL niedrig sein

Die ADSL-Downstream-Geschwindigkeit z. B. von 768 KBit/s, also 768.000 Bit/s, ist keine feste und garantierte Größe und auch nicht mit der effektiven, realen Downloadrate gleichzusetzen. Damit Sie nämlich die volle Bandbreite Ihres ADSL-Anschlusses auch tatsächlich erreichen können, muss ein entsprechend schneller

Den ADSL-Anschluss nutzen

Server vorhanden sein, der Ihnen möglichst gleich bleibend diese Geschwindigkeit gibt. Es ist ein typischer Irrtum zu glauben, dass mit Ihrer ADSL-Performance etwas nicht stimmt, wenn Sie nicht zu jeder Zeit und auf jedem Server Ihre maximale Downloadrate erreichen.

Die zum Teil abenteuerlich hohen Downloadraten, die ADSL-Anwender berichten, müssen allerdings mit der ADSL-Downloadleistung – z. B. 768 KBit/s – etwas zu tun haben. Maximal erreichen Sie also als echte Downloadraten in etwa folgende Werte:

Anschluss	Bit/s	Byte/s	KByte/s	MByte/h
ADSL - 128 k	128.000	16.000	15,63	54,93
ADSL - 256 k	256.000	32.000	31,25	109,86
ADSL - 384 k	384.000	48.000	46,88	164,79
ADSL - 512 k	512.000	64.000	62,50	219,73
ADSL - 768 k	768.000	96.000	93,75	329,59
ADSL - 1 M	1.024.000	128.000	125,00	439,45
ADSL - 1,5 M	1.536.000	192.000	187,50	659,18
ADSL - 2 M	2.048.000	256.000	250,00	878,91

Maximale echte Downloadraten abschätzen

Als echte Downloadraten sind Werte zu verstehen, die nicht durch zwischengespeicherte (Cache-)Dateien oder durch Kompressionsverfahren erreicht werden. Die realen Downloadraten werden in der Praxis noch unter denen der obigen Tabelle liegen, da auch das Internetprotokoll (TCP/IP) und eventuell das PPPoE-Protokoll noch etwas Leistung schlucken.

Die Ermittlung der durchschnittlichen Downloadrate können Sie ohne Hilfsmittel bereits mit einer Stoppuhr vornehmen. Laden Sie eine größere Datei herunter und berechnen wie folgt:

660.382 KByte (ca. eine CD) in 132 Minuten heruntergeladen => durchschnittliche Downloadrate = 660.382 KByte/(132 * 60 s) = ca. 83,4 KByte/s

So einfach ist das! Das ist objektiv, und jede andere angezeigte, größere durchschnittliche Downloadrate wäre nur in die eigene Tasche gelogen.
Ein Tool, mit dem Sie Ihre Download- und auch Uploadgeschwindigkeit messen und auch grafisch darstellen können, ist fester Bestandteil von Windows:

Wie schnell sind Sie wirklich?

Der Systemmonitor

Windows 9x/ME

In Windows 9x/ME finden Sie den Systemmonitor unter *Start/Programme/Zubehör/Systemprogramme*.

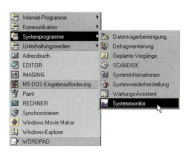
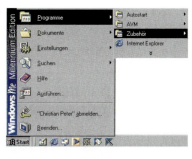

Am schnellsten rufen Sie in Windows den Systemmonitor übrigens auf, wenn Sie unter *Start/Ausführen* „sysmon" eingeben. Wenn Sie den Systemmonitor nicht finden können, dann installieren Sie ihn wie folgt:

Software

1 Unter *Start/Einstellungen/Systemsteuerung* klicken Sie auf das Symbol *Software* und wechseln dann auf das zweite Register *Windows Setup*.

2 Dann klicken Sie bei *Systemprogramme* auf *Details*.

3 Bestätigen Sie nun die nächsten Fenster mit *OK*. Danach ist der Systemmonitor ohne Neustart verfügbar.

T-DSL & ADSL - 87

Den ADSL-Anschluss nutzen

Wenn Sie nun den Systemmonitor starten, sehen Sie Folgendes.

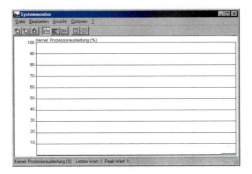

Downloadgeschwindigkeit

Machen Sie für die folgende Analyse z. B. einen Download einer sehr großen Datei.

1 Klicken Sie dazu im Menü unter *Bearbeiten* auf *Element hinzufügen* oder auf das entsprechende Symbol *Hinzufügen* in der Symbolleiste.

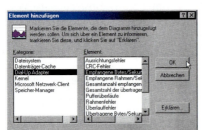

2 Nun fügen Sie in der Kategorie *Dial-Up Adapter* das Element *Empfangene Bytes/Sekunde* hinzu und klicken auf *OK*.

Wenn Sie eine Zeit lang warten, sehen Sie die Fieberkurve der Downloadrate in Byte/s.

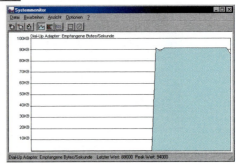

Wie schnell sind Sie wirklich?

In der Statusleiste sehen Sie die Angabe:

Dial-Up Adapter: Empfangene Bytes/Sekunde; Letzter Wert: 88000 Peak-Wert: 94000

Der Peak-Wert der empfangenen Bytes/s des Dial-Up-Adapters ist nicht sehr aussagekräftig. Bei einem (768 kbps/128 kbps)-ADSL ist der Maximalbereich der Skala der Downloadraten bei ca. 100 KByte, wie Sie aus der obigen Downloadraten-Tabelle ablesen können.

Für schnellere ADSL-Anschlüsse können Sie den Maximalbereich der Skalierung vergrößern unter dem Menüpunkt *Bearbeiten/Element bearbeiten*.

Hier stellen Sie unter *Skalierung/Fest* Ihren zu erwartenden Downloadhöchstbereich ein.

Uploadgeschwindigkeit und Prozessorauslastung

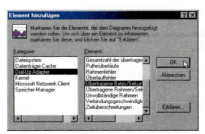

1 Wählen Sie nun im Menü *Bearbeiten* den Menüpunkt *Messwerte löschen* und fügen noch folgende Elemente hinzu: Kategorie: *Dial-Up Adapter*, Element: *Übertragene Bytes/Sekunde*.

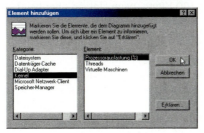

2 Nun wählen Sie in der Kategorie *Kernel* das Element *Prozessorauslastung (%)* aus.

Den ADSL-Anschluss nutzen

Jetzt sieht die Liste der analysierten Elemente so aus, wie auf der Abbildung zu sehen.

Das ist, vereinfacht ausgedrückt, die Darstellung der Download- und Uploadgeschwindigkeit Ihres ADSL-Anschlusses und die daraus resultierende Auslastung (%) des Prozessors. Wenn Sie Ihren Prozessor sonst nicht weiter belasten außer für die Prozesse dieses Tests, dann ist die Prozessorauslastung eine interessante Größe. Schauen Sie sich bei einem großen Download nun Ihr Download-/Uploaddiagramm an.

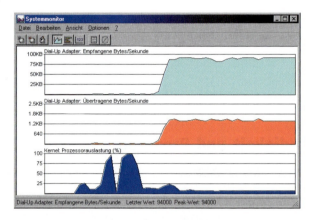

Sie können im Menü *Ansicht* noch weitere Darstellungsarten auswählen: *Balkendiagramm* oder *Numerische Anzeige*.

Die Proportionen des obigen Diagramms für den Download und Upload erwecken möglicherweise einen falschen Eindruck: Bei der Darstellung des Downloads ist das Ende der Skala bei 100 KByte, beim Upload aber bei 2,5 KByte.

Für jeden Download ist auch ein kleiner Upload erforderlich

Bevor Sie wegen des obigen Diagramms des Downloads/Uploads einen falschen Eindruck gewinnen, beachten Sie, dass bei jedem Downstream auch ein kleiner Upstream stattfindet und umgekehrt. Verwechseln Sie die gleichzeitige Grafik des Downstreams und des Upstreams nicht mit der typischen Leistungsfähigkeit Ihres ADSL-Anschlusses. Die obige Grafik zeigt also nicht, dass Ihre maximal mögliche Uploadgeschwindigkeit nur so gering ist!

Wie schnell sind Sie wirklich?

Das obige Download-/Uploaddiagramm können Sie natürlich auch für einen Upload betrachten. Das sieht für einen großen FTP-Upload so aus.

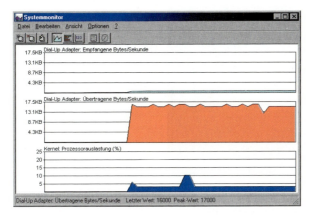

Hier wurde der Maximalbereich der Downloadskala an den der Uploadskala angepasst.

Windows 2000 Professional

Auch unter Windows 2000 Professional leistet der Systemmonitor gute Dienste.

1 Starten Sie den Systemmonitor unter *Start/Einstellungen/Systemsteuerung/Verwaltung*.

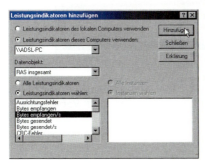

2 Wenn Sie die Downloadgeschwindigkeit genau beobachten möchten, dann fügen Sie z. B. folgenden Leistungsindikator hinzu: Unter Datenobjekt *RAS insgesamt* wählen Sie als Leistungsindikator *Bytes empfangen/s*.

Den ADSL-Anschluss nutzen

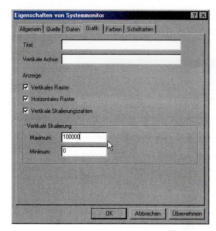

3 Am unteren Fensterrand sehen Sie Ihren Leistungsindikator *Download*. Dort stellen Sie nach einem Klick mit der rechten Maustaste auf *Eigenschaften* noch den Skalierungsendwert Ihrer Downloadkapazität ein, z. B. 100.000 (Byte) für ADSL mit 768 KBit/s Down-Stream.

Nun können Sie sehr schön den grafischen Verlauf des Downloads verfolgen.

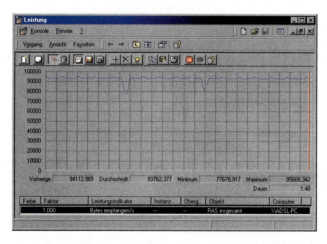

Unter der Grafik sehen Sie folgende Angaben: *Vorherige: 94112,964 / Durchschnitt: 93762,377 / Minimum: 77678,917 / Maximum: 95608,342*

Der Minimalwert und der Maximalwert sind beim Downloadvorgang nicht sehr interessante Werte.

Ein Spitzenwert wie der Maximalwert könnte ein kurzer Ausreißer sein. Was beim Systemmonitor unter Windows 2000 Professional sehr gut ist, ist die Angabe eines Durchschnittswerts.

ADSL schneller machen? – Wann Tuning Sinn macht

Der Durchschnittswert der Downloadraten von 93762,377 Byte pro Sekunde bedeutet eine durchschnittliche Downloadrate von: 93762,377 Byte/s = (93782,377 / 1024) KByte/s = 91,56 KByte/s

Wenn Sie den Downloadratenbereich noch etwas genauer sehen möchten, können Sie den Minimalwert der Skala auf einen bestimmten Anfangswert setzen, z. B. 80000.

Eine Detailaufnahme der Downloadraten im Bereich [80000 ... 100000] sieht dann so wie auf dieser Abbildung aus.

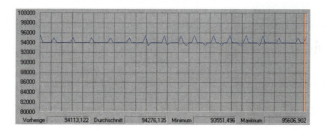

ADSL schneller machen? – Wann Tuning Sinn macht

ADSL kann sehr schnell sein, wenn dies entsprechend schnelle Downloadserver ermöglichen. In einem weltweiten Netz, dem Internet, können Sie aber nicht immer garantierbare und ständig hohe Downloadraten erwarten. Je moderner Ihr Betriebssystem ist, umso weniger ist es überhaupt notwendig, einen Einzelplatz zu tunen. Aktuelle Betriebssysteme sollten auf jeden Fall breitbandtauglich sein. Auch Microsoft zeigt mit Windows XP, dass sogar auf die Besonderheiten einer ADSL-Einwahl mittels PPPoE eingegangen wird, zumindest für einen Einzelplatz. An einem Windows 2000-/XP-Einzelplatz besteht bei ADSL in der Regel überhaupt keine Notwendigkeit zu tunen.

> **Tuning ist kein generelles Muss**
>
> Wenn Sie mit der Leistung Ihres ADSL-Anschlusses zufrieden sind, ist Tunen kein generelles Muss. Sie können nach Tuningversuchen durchaus die Leistungsfähigkeit Ihres ADSL-Anschlusses verschlechtern oder auch überhaupt nicht mehr surfen. Dabei gilt klar die Devise: „Never touch a running system."

Den ADSL-Anschluss nutzen

Damit Sie einen Überblick über die wichtigsten Parameter haben, die bei einer ADSL-Verbindung einen Einfluss auf die Performance haben können, sind hier die wichtigsten zusammengestellt:

Parameter	Funktion
MTU = Maximum Transmission Unit 1500 Ethernet 8 1492 PPPoE	Die MTU ist eine obere Schranke für die Größe von Paketen. Die MTU ist bei einer Netzwerkkarte (Ethernet) maximal 1500 (Byte!). Wenn Sie von Kleinigkeiten absehen, ist dieser Wert von 1500 Byte die Größenordnung, in der maximal die Pakete durch die Netzwerkkarte und auch zum Internet geschickt oder von dort empfangen werden. Wenn Sie also bei einer ADSL-Verbindung den Datendurchsatz erhöhen möchten, werden Sie mit dem MTU-Wert etwas erreichen können. Bei ADSL mit PPPoE muss die MTU kleiner oder gleich 1492 (Byte) sein.
MSS = Maximum Segment Size	Die MSS ist bei TCP/IP das Maß, wie groß maximal die Datenpakete (Segmente) werden dürfen. Im Wesentlichen ist die maximale Segmentgröße die MTU, wobei noch etwas Verpackungsanteil von der MTU abgezogen wird (IP- und TCP-Header). So bildet z. B. Microsoft den Wert für die MSS, indem 40 Byte von der MTU abgezogen werden.
RWIN = TCP Receive Window Sender Pakete (1..3) sind ok INTERNET TCP Window Pakete (1..3) sind ok Empfänger	Der RWIN-Wert oder auch TCP Window Size ist ein Zwischenspeicher, der für eine TCP/IP-Verbindung benutzt wird, um die ankommenden Datenpakete erst einmal entgegenzunehmen, um sie danach zu überprüfen, ob sie richtig angekommen sind. Diese Bestätigung jedes Datenpakets wird als Acknowledgement bezeichnet. Als optimaler, fester RWIN-Wert wird ein Vielfaches der MSS angesehen, also RWIN = n x (MTU-40). Moderne Betriebssysteme beherrschen eine Methode, um den optimalen RWIN-Wert zu ermitteln. Deshalb ist es z. B. an einem Windows 2000-/XP-Einzelplatz nicht nötig, auf diesen Wert einzuwirken.
TTL = Time To Live TTL=54, TTL=55, TTL=56, TTL=57, TTL=58, TTL=59, TTL=60, TTL=61, TTL=62, TTL=63, TTL=64	Unter dem TTL-Wert wird eine obere Schranke verstanden, mit der die Anzahl der Stationen, die Datenpakete im Internet zurücklegen, beschränkt wird. Damit im Extremfall ein Paket nicht unendlich oft im Internet weitergeleitet wird, wurde der TTL-Wert eingeführt, der die Lebenszeit von Paketen festlegt. Bei jeder Station wird der TTL-Wert um 1 heruntergezählt. Ist er bei 0 angekommen, wird ein Paket nicht mehr weitergeleitet: TTL ist also quasi nur eine Notfallabbruchbedingung.

ADSL schneller machen? – Wann Tuning Sinn macht

Im Zusammenhang mit PPPoE kann eine falsche MTU ein Grund für Probleme sein. Es gibt mehrere Anzeichen dafür, dass Tuningmaßnahmen (meistens nur die MTU betreffend) weiterhelfen können:

- Die Downloadraten sind generell viel zu klein.
- Die Verbindung hat ständige Hänger und Wartezeiten.
- Der Uploadvorgang z. B. beim Versenden von E-Mails oder zu einem FTP-Server wird sogar abgebrochen.

Ein Tunen der TCP/IP-Parameter kann, muss aber nicht die obigen Probleme beseitigen. Der Hauptgrund für Wartezeiten und Hänger ist nämlich meistens nur eine falsche TCP/IP-Bindung: Bei der Verwendung des DFÜ-Netzwerks und PPPoE sollte bei einem Einzelplatz das TCP/IP-Protokoll am besten nur an den DFÜ-Adapter und nicht an die Netzwerkkarte gebunden werden. Weitere Informationen zur TCP/IP-Bindung bei PPPoE finden Sie auf Seite 80.

Die goldenen Regeln des Tunings

- Tunen Sie nur, falls es wirklich notwendig ist. Bei modernen Windows-Versionen (Windows ME und höher, Windows 2000 und höher) ist das am Einzelplatz in der Regel nicht notwendig.
- Machen Sie vorm Tunen ein Backup des bisherigen Zustands, durch Export z. B. der Registry-Teilstruktur:
  HKEY_LOCAL_MACHINE\System\CurrentControlSet\Services
- Testen Sie die ADSL-Performance nach dem Eingriff unter vergleichbaren Bedingungen im Internet wie vor dem Eingriff am besten mit einer Download/Upload/Prozessorauslastungs-Analyse, wie sie im vorherigen Abschnitt beschrieben ist.

Tools zum Tunen

Tool	Bemerkung
Dr. TCP, www.dslreports.com	Einfaches Tool für Windows 9x/ME.
	Damit können Sie auch die MTU (der Netzwerk-karte) an einem 9x-/ME-/2000-/XP-Client verkleinern, z. B. auf 1412, falls der PPPoE-Treiber bei einer Mehrplatzlösung keine so genannte MSS-Clamp-Funktion hat, siehe Seite 136. Wenn Sie RasPPPoE verwenden, ist das allerdings nicht notwendig.

Den ADSL-Anschluss nutzen

Tool	Bemerkung
DFÜ-Speed, www.resident.purespace.de/html/spaceware.html 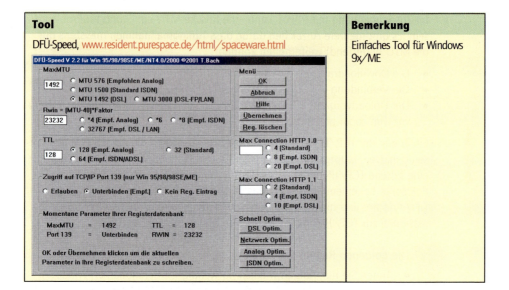	Einfaches Tool für Windows 9x/ME

Welche Tuningempfehlungen gibt es?

Über die optimalen Werte beim Tunen gibt es keine einheitliche Meinung. Ein Standardwert für den RWIN-Wert (*TCP Window Size*) bei Windows 95 von 8 KByte ist für ADSL recht knapp. Auf 32 KByte können Sie diesen Wert problemlos vergrößern. Das hängt übrigens von Ihrer ADSL-Geschwindigkeit ab. Je größer diese ist, umso größer können Sie den RWIN-Wert wählen, um eine Leistungssteigerung zu bemerken. Ab Windows 98 kann der RWIN-Wert über so genanntes Window Scaling von 64 (2^{16} Byte) KByte auf 1 GByte (2^{30} Byte) erweitert werden.

Die MTU bei ADSL mit PPPoE wird an einem Einzelplatz in der Regel durch die PPPoE-Treiberinstallation konfiguriert, wobei Sie allerdings kontrollieren sollten, ob die IP-Paketgröße des DFÜ-Adapters nicht auf *Groß* (MTU=1500!) eingestellt ist, was im nächsten Abschnitt beschrieben wird: Die MTU sollte bei PPPoE immer kleiner oder gleich 1492 sein. Bei ADSL über eine Netzwerkkarte (nur mit DHCP) ohne PPPoE oder mit PPTP ist diese Einschränkung unwichtig.

Passen Sie besonders darauf auf, dass Sie nicht versehentlich einen viel zu kleinen TTL-Wert wählen, z. B. 16 oder weniger, weil Sie sonst fast keine Internetseiten mehr im Browser sehen können.

Lange Wartezeiten bei einigen Internetseiten

Eine bekannte Referenz zum ADSL-Tunen im Internet ist Navas Cable Modem/DSL Tuning Guide unter Cable-DSL.home.att.net und Speed Guide.net unter www.speedguide.net.

Auf der Internetseite Speed-Guide.net TCP/IP Analyzer unter forums.speedguide.net/optd.shtml können Sie eine TCP/IP-Parameteranalyse machen, also überprüfen, welche TCP/IP-Parameter mit welcher Wirkung Sie geändert haben, z. B. nach der Benutzung des Tools Dr. TCP.

Lange Wartezeiten bei einigen Internetseiten

Ein Grund dafür, dass einige Internetseiten bei ADSL erst nach längerer Zeit oder gar nicht im Browser erscheinen, kann ein misslungener Tuningversuch sein. Ein Parameter, mit dem Sie versehentlich sofort diesen Effekt erzeugen können, ist der TTL-Wert, also *DefaultTTL* bei Windows 9x/ME.
Wenn Sie z. B. einen TTL-Wert von 16 (oder noch kleiner) eingestellt haben, werden alle Internetseiten, die nur über mehr als 16 Abschnitte (so genannte Hops) erreicht werden, nicht oder erst nach längerer Zeit im Browser erscheinen. In der Registry ist dann der Eintrag *DefaultTTL* mit dem Wert 16 oder kleiner vorhanden unter:
HKEY_LOCAL_MACHINE\System\CurrentControlSet\Services\VxD\MSTCP

Den ADSL-Anschluss nutzen

Ein anderer typischer Grund ist in der Besonderheit von ADSL in Verbindung mit dem Protokoll PPP over Ethernet (PPPoE) begründet und betrifft auch nur entsprechende ADSL-Varianten wie Arcor-DSL, T-DSL und vergleichbares ADSL. Es ist eine Eigenart von PPPoE, dass es zum korrekten Funktionieren mit einer etwas verkleinerten MTU angesteuert werden muss: maximal 1492 Bytes. Bei der Installation von PPPoE-Treibern wird in der Regel diese Besonderheit bereits berücksichtigt. Es kommt aber immer wieder vor, dass die Konfiguration in diesem Punkt nicht ganz richtig ist oder durch andere Installationen gestört wird. Ein solches Beispiel wird im Folgenden im Abschnitt „ISDN und ADSL gemeinsam an einem PC nutzen" beschrieben.

Kontrollieren Sie einfach folgende Einstellung:

1 Unter *Start/Einstellungen/Systemsteuerung/Netzwerk* finden Sie Ihre installierten Netzwerkkomponenten. Klicken Sie nun in der Zeile *DFÜ-Adapter* auf *Eigenschaften*.

2 Unter dem Register *Erweitert* finden Sie bei der Eigenschaft *IP-Paketgröße* die Werte *Automatisch*, *Groß*, *Klein* und *Mittel*. Hier sollte auf jeden Fall jeder andere Wert als *Groß* stehen. Laut Microsoft bedeutet der Wert *Groß* eine MTU von 1500 (Byte). Dieser Wert ist nicht geeignet für PPPoE. Der Wert *Mittel* steht für MTU = 1000 und *Klein* für 576. Falls Sie da noch einen anderen Wert stehen haben, wie etwa *PPPoE* oder ähnlich, ist das meistens schon ein von einem Treiber installierter, geeigneter Wert, den Sie nehmen bzw. lassen können.

Lange Wartezeiten bei einigen Internetseiten

3 Falls Sie noch weitere DFÜ-Adapter unter Ihren installierten Netzwerkkomponenten finden, z. B. den *DFÜ-Adapter #2 (VPN-Unterstützung)*, wie er bei Einwahlsoftware installiert worden sein kann, achten Sie auch hier darauf, dass seine *IP-Paketgröße* nicht auf *Groß* eingestellt ist. Der *DFÜ-Adapter #2 (VPN-Unterstützung)* ist normalerweise ein Bestandteil eines VPN.

Was VPN bzw. PPTP ist und wozu Sie das brauchen können

VPN bedeutet **V**irtual **P**rivate **N**etworking = Virtuelles Privates Netzwerk. Stellen Sie sich darunter einfach eine Methode vor, wie mithilfe jeder beliebigen Internetverbindung eine private Verbindung zwischen Rechnern realisiert werden kann. Eines der bekanntesten VPN-Protokolle ist PPTP (**P**oint to **P**oint **T**unneling **P**rotocol) von Microsoft.

Das Grundprinzip eines solchen VPN-Protokolls ist, dass es den bei einem Netzwerkprotokoll wie TCP/IP, IPX und NETBEUI typischen Header und die eigentlichen Datenpakete kodiert und mit einem neuen VPN-Header versieht. Auf der anderen Seite wird am Ziel der VPN-Pakete aus dem VPN-Header und dem kodierten Paket die ursprüngliche Form wieder dekodiert. Man bezeichnet dieses Verfahren als Tunneln.

Neben dem ADSL-Protokoll PPP over Ethernet (PPPoE) findet auch das VPN-Protokoll PPTP Verwendung, um eine ADSL-Einwahl zu realisieren. PPTP ist Bestandteil von Windows seit Windows 95 (mit dem DFÜ-Netzwerkupdate ab Version 1.3 – bzw. schon Version 1.2). Wenn Sie auch bei einer ADSL-Verbindung mittels PPPoE ein Virtuelles Privates Netzwerk mit PPTP machen möchten, benutzen Sie eben beide Protokolle: PPPoE und PPTP. Allerdings lassen sich VPNs auch noch mit anderen Protokollen als PPTP realisieren: z. B. L2TP (**L**ayer **2** **T**unneling **P**rotocol) oder IPSec (**IP S**ecurity).

Den ADSL-Anschluss nutzen

Einwahlprobleme und Verbindungsabbrüche

Einwahlprobleme sind ein leidiges Problem, von dem Sie wahrscheinlich bei ADSL nicht verschont bleiben. Es gibt für T-DSL im Internet eine Homepage, die T-DSL-Störungsliste von Max Vogelbuch unter www.friedenau.com/adsl, in der Sie Ihre Störung mit Details für Ihre Gegend melden bzw. sehen können, ob auch andere T-DSL-Einwahlprobleme haben.

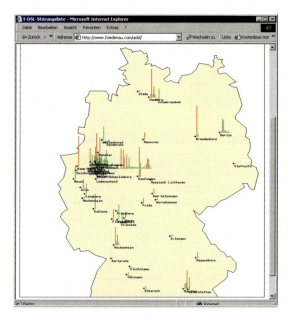

Ein weiterer möglicher Grund für Einwahlprobleme könnte sein, dass Ihr ADSL-Zugang zeitweise gesperrt wurde. Das machen einige Provider dann, wenn zu oft mit falschen Zugangsdaten, meistens einem falschen Kennwort, eingewählt wurde. Das kann auch passieren, wenn nicht nur Sie, sondern ein Hacker Ihren ADSL-Benutzernamen verwendet hat. Es gibt auch Provider, die bei der Überschreitung eines Kostenlimits den Zugang vorsorglich sperren. Wenn Sie also Gründe für eine zeitweise Sperrung Ihres ADSL-Zugangs genau in Erfahrung bringen können, hilft Ihnen das später bei der Fehlersuche sehr.

Als Letztes können sowohl Einwahlprobleme und auch plötzliche Verbindungsabbrüche an veralteten PPPoE-Treibern liegen. Verwenden Sie deshalb den neusten Treiber.

Downloadstrategien – Die Bandbreite optimal nutzen

Der Engeltreiber, der bei T-DSL gern eingesetzt wird, besitzt einen *PPP KeepAlive-Timeout*-Wert, der auf 120 Sekunden eingestellt sein sollte. In den neusten Treibern ist das bereits voreingestellt. Diese Einstellung finden Sie bei den Netzwerkkomponenten als Eigenschaft des T-DSL-Adapters (T-Online) oder ähnlich.

Der Engeltreiber wird bei mehreren Providern auch unter anderen Bezeichnungen eingesetzt, z. B. WinDSL-Protocol, und funktioniert übrigens im Allgemeinen auch für jedes vergleichbare ADSL wie z. B. Arcor-DSL etc. Das kann für Windows 95 interessant sein, weil RasPPPoE nicht unter Windows 95 läuft.

> **Fehlermeldung bzw. Bluescreen nach einer Zwangstrennung des Providers**
>
> In einigen Fällen wurden Probleme mit PPPoE-Treibern berichtet, falls die automatische Zwangstrennung des Providers wirksam wird. Bluescreens bzw. Fehlermeldungen oder ein Einfrieren können die Folge sein, sodass möglicherweise nur ein Neustart Abhilfe schafft. Verwenden Sie auf jeden Fall die neusten PPPoE-Treiber. Eine endgültige Lösung dieses Problems ist sicherlich immer auch vom ADSL-Provider abhängig: Er veranlasst ja eine Zwangstrennung z. B. nach 15 Minuten. Wenn allerdings vermehrt Probleme nach 15 Minuten Inaktivität mit klassischen ADSL-Treibern auftreten, bleibt dem Benutzer auch wohl nichts anderes übrig, als diese Verbindungstrennung künstlich zu überbrücken und sich auf jeden Fall an seinen ADSL-Provider zu wenden, falls dieses Problem auch mit neusten Treibern langfristig nicht behoben ist.

Downloadstrategien – Die Bandbreite optimal nutzen

Damit Sie die große Downloadgeschwindigkeit von ADSL voll ausreizen, ist es sinnvoll, Downloadtools wie Go!zilla (www.gozilla.com) oder GetRight (www.getright.com) zu benutzen. Es kann öfter passieren, dass Ihnen ein Server nur eine gedrosselte Performance für den Download einer Datei zur Verfügung stellt, wobei Sie dann durch das parallele Downloaden gerade bei ADSL in die

Den ADSL-Anschluss nutzen

Breite gehen können. Leider passiert es auch bei ADSL, dass Sie bei Dateien auf einem überlasteten oder schlecht angebundenen Server einen Bruchteil Ihrer maximal möglichen ADSL-Downloadgeschwindigkeit bekommen. Dann bringt der Wechsel auf einen wesentlich schnelleren Server, der die gleichen Dateien zum Download anbietet, eine große Geschwindigkeitssteigerung.

Sie können bei GetRight unter anderem auch automatisierte, zeitgesteuerte Downloads vornehmen für Tageszeiten, von denen Sie wissen, dass Sie dann auf den entsprechenden Servern eine hohe ADSL-Downloadgeschwindigkeit erreichen.

Eine große Leistungssteigerung können Sie mit der Einstellung *Segmented (Accelerated) Downloading* erreichen. Dadurch wird eine Datei gestückelt von mehreren Stellen geladen. Das können Sie im oberen Download an den sechs farbigen Balken und im unteren Download an den drei farbigen Balken sehen. Unter *Options* können Sie das einstellen.

102 - T-DSL & ADSL

Dateien austauschen mit ADSL

Sie können auch gleich in den Voreinstellungen bei *GetRight Configuration* unter *Downloads/Auto-Segment* die Option *Automatically do Segmented (Accelerated) downloading ...* aktivieren.

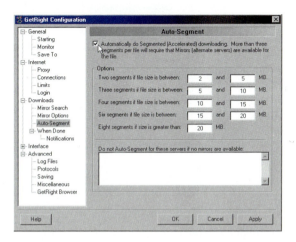

Dateien austauschen mit ADSL

Wenn Sie mit einem Bekannten Dateien direkt austauschen möchten, werden Sie bei ADSL Programme wie FRITZ!Data, die eine ISDN-Verbindung voraussetzen, nicht benutzen können. Neben den üblichen Austauschmethoden wie E-Mail mit Attachment oder über einen FTP-Server bleibt Ihnen noch die Möglichkeit, bekannte Programme wie PCAnywhere über das Internet zu benutzen.

Datenaustausch mit PCAnywhere

Falls Sie auf die Schnelle einen PC Ihres Bekannten mit PCAnywhere über ADSL fernsteuern und mit diesem Dateien austauschen möchten, dann installiert der Bekannte die neuste PCAnywhere-Version auf seinem PC, der in den Hostmodus geschaltet wird. Er bildet also einfach einen PCAnywhere-Host allein über TCP/IP, ohne eine Telefonverbindung zu benötigen. Der fernzusteuernde PC (Host) ist durch ADSL mit dem Internet verbunden.

Es ist darauf zu achten, dass der PCAnywhere-Host mit maximaler Sicherheit eingestellt ist, dass also die Verschlüsselungsstufe hoch genug ist und kein Anrufer ohne Benutzernamen und sicherem Passwort den PCAnywhere-Host benutzen darf!

Den ADSL-Anschluss nutzen

Nehmen wir einmal an, dass Sie die IP-Adresse des PCAnywhere-Hosts im Internet kennen und sie 62.158.171.222 ist.

Auf dem fernsteuernden PC haben Sie nun einfach ein Fernsteuerungsobjekt *adsl* über das Gerät TCP/IP vorbereitet, wo Sie nun nur noch die Internet-IP-Adresse (62.158.171.222) des PCAnywhere-Hosts eingeben müssen.
Der fernsteuernde und der ferngesteuerte PC sind also beide z. B. über ADSL mit dem Internet verbunden.

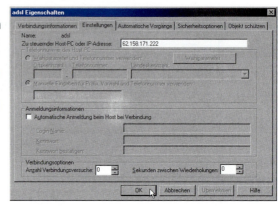

Sie können sich jetzt über das Internet in den PCAnywhere-Host einloggen.

Wenn Ihr Bekannter bei einer solchen Fernsteuerungssitzung kein Passwort setzt, ist das ein großer Fehler, weil Sie sonst anderen im Internet die Benutzung des PCAnywhere-Hosts ermöglichen.

Zur Portsicherheit kann auf dem PCAnywhere-Host eine Personal Firewall installiert werden. ZoneAlarm funktioniert z. B. hierbei mit dem Internet-Security-Level *Medium*. Diese Einstellung lässt PCAnywhere durch. Weitere Feinheiten erfahren Sie im Anschluss.

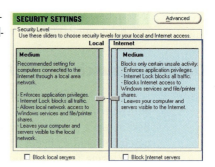

Die PCAnywhere-Schaltung sieht dann so aus:

Dateien austauschen mit ADSL

Da PCAnywhere Dateitransfer ermöglicht, können Sie so auch Dateien mit ADSL-Geschwindigkeit austauschen. Dabei sollten Sie aber berücksichtigen, dass ADSL eine asymmetrische Verbindung ist. Laden Sie also vom PCAnywhere-Hostrechner eine Datei herunter, dann ist für die maximal mögliche Downloadgeschwindigkeit entscheidend, wie der PCAnywhere-Hostrechner ans Internet angeschlossen ist: Zwischen zwei PCs mit (768 kbps/128 kbps)-ADSL ist also maximal eine Übertragung mit 128 KBit/s in beiden Richtungen möglich.
Ich möchte Ihnen noch einen Tipp mit ZoneAlarm geben. Wenn Sie z. B. am PCAnywhere-Host nur eine bestimmte IP-Adresse, nämlich die des PCAnywhere-Gasts, durchlassen möchten, können Sie die IP-Adresse, die der PCAnywhere-Gast im Internet hat, in die lokale Zone von ZoneAlarm nehmen und die Internet Security voll aufregeln.

1 Klicken Sie bei *SECURITY SETTINGS* auf *Advanced*.

2 Mit *Add* und dann *IP Address* können Sie die lokale Zone um die IP-Adresse, z. B. 62.1.2.3, des PCAnywhere-Gasts erweitern.

3 Nun regeln Sie die Internet Security rechts auf *High* und aktivieren *Block Internet servers*.

T-DSL & ADSL - 105

Den ADSL-Anschluss nutzen

Nun werden alle IP-Adressen des Internets abgeblockt außer der Ihres Bekannten, der sich in Ihren PCAnywhere-Host einloggen möchte. Genauso kann der andere PC mit der IP-Adresse des PCAnywhere-Hosts, 62.158.171.222 im obigen Beispiel, verfahren.

> **Vergrößerung der lokalen Zone zur Vereinfachung**
>
> Falls der PCAnywhere-PC eine dynamische IP-Adresse im Internet hat, wie das bei einer ADSL-Einwahl (PPPoE) üblich ist, kann es lästig sein, immer eine neue IP-Adresse in die lokale Zone von ZoneAlarm zu nehmen. Sie können möglicherweise diese Bedingung auf Teilnetze abschwächen, falls Sie feststellen können, dass sich die IP-Adressen immer in diesen Teilnetzen bewegen. Wenn also die IP-Adresse des PCAnywhere-PCs die Form 62.1.2.* hat, wählen Sie für die lokale Zone das Teilnetz 62.1.2.* Wählen Sie dafür *Add* und dann *Subnet* mit der *IP Address* 62.1.2.0 und der *Subnet Mask* 255.255.255.0.

Einen weiteren Tipp möchte ich Ihnen für das Problem der dynamischen IP-Adresse des PCAnywhere-Hosts geben, in den Sie sich einwählen und jedes Mal diese andere IP-Adresse in Erfahrung bringen müssen:

Der Bekannte mit dem PCAnywhere-Host besorgt sich bei einem Anbieter wie www.dyndns.org kostenlos einen Account, wobei er nach einer Anmeldung für seine dynamische IP-Adresse im Internet eine feste Bezeichnung wie etwa your-domain.dyndns.org erhält.

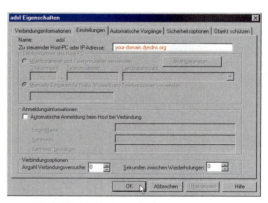

Diese Bezeichnung your-domain.dyndns.org kann dann der PCAnywhere-Gast immer unter *Zu steuernder Host-PC oder IP-Adresse* für das Einloggen in den PCAnywhere-Host benutzen.

Dateien austauschen mit ADSL

Es gibt mehrere Anbieter solcher Dienste. Der Grund, weshalb ich allerdings gerade www.dyndns.org als Beispiel ausgewählt habe, ist, dass sich dieser Anbieter bereits in den Einstellungen der ADSL-Router  von Netgear wie RT311, RT314 und seinen Nachfolgermodellen finden lässt. Unter *ADCANCED/DDNS* können Sie Ihren DynDNS-Account eingeben.

Jedes Mal, wenn der ADSL-Router online ist, erledigt er die Anmeldung bei www.dyndns.org automatisch.

Neben dem Direktaustausch von Dateien können Sie auch weltweit in Form von so genannten Peer-to-Peer-Netzwerken Dateien austauschen: mit Napster und seinen Nachfolgern wie Gnutella oder Morpheus. Auch NetMeeting und ICQ können zum Dateiaustausch benutzt werden.

Datenaustausch mittels VPN (Virtuelles Privates Netzwerk)

Eine weitere Methode zum Austausch von Dateien können Sie mit einem VPN (**V**irtuelles **P**rivates **N**etzwerk) realisieren. Stellen Sie sich darunter einfach eine Methode vor, wie mithilfe jeder beliebigen Internetverbindung (öffentliche Verbindung) eine private Verbindung zwischen Rechnern realisiert werden kann.

Sie benutzen einen VPN-Client, im einfachsten Fall den VPN-Client mit dem VPN-Protokoll PPTP von Microsoft. Das kennen Sie bestimmt schon: *DFÜ-Adapter #2 (VPN-Unterstützung)*, *Microsoft virtuelle lokale Netzwerkkarte*.

Den ADSL-Anschluss nutzen

> **Das VPN-Update über das DFÜ-Netzwerk 1.4 (DUN 1.4) für Windows 9x**
> Mittlerweile gibt es das DUN 1.4 (**D**ial**U**p **N**etworking = DFÜ-Netzwerk) mit einer besseren PPTP-Unterstützung (128 Bit) für die älteren Windows-Versionen (Windows 9x) zum Download bei Microsoft.

Das Gegenstück dieses VPN-Clients ist ein VPN-Server, z. B. ein Windows NT 4.0-/2000-Server (RAS-Server) mit dem PPTP-Protokoll. Auf dem VPN-Server ist ein Zugang für den VPN-Client angelegt. So wie auf der Abbildung können Sie sich einen einfachen Aufbau eines VPN vorstellen.

Wenn Sie ganz genau hinschauen, erkennen Sie, dass diese einfache VPN-Schaltung genauso aussieht wie die obige PCAnywhere-Schaltung.

Um den VPN-Login vorzunehmen, benutzen Sie dazu bei Windows ME eine neue DFÜ-Verbindung *VPN*, die als Gerät (Modem) den *Microsoft VPN Adapter* benutzt.

Nun geben Sie bei diesem Login-Fenster den Benutzernamen *vpn-user* und das Kennwort ein. Als VPN-Server wird einfach die IP-Adresse das PPTP-RAS-Servers, des VPN-Servers, eingegeben, die er gerade im Internet hat, hier also 62.58.171.222.

ISDN und ADSL gemeinsam an einem PC nutzen

Ebenfalls hier können Sie die feste Bezeichnung your-domain.dyndns.org unter *VPN-Server* einstellen, falls der VPN-Server sich bei www.dyndns.org angemeldet hat, was auch ein ADSL-Router – wie oben erwähnt – automatisch erledigen kann. Nach dem das VPN besteht, können Sie direkt über den Windows-Explorer Dateien vom VPN-Server kopieren – also auch austauschen, ohne ein spezielles Übertragungsprogramm zu benutzen.

ISDN und ADSL gemeinsam an einem PC nutzen

Im Allgemeinen vertragen sich ADSL und ISDN völlig problemlos. Die beliebte FRITZ!-Karte zum Einbauen oder in der USB-Variante können Sie zugleich mit ADSL benutzen, wofür Sie ja nur eine Netzwerkkarte benötigen.

ADSL/ISDN-Steckkarten

Mittlerweile gibt es bereits ADSL/ISDN-Karten, die beide Verbindungarten in einer PCI-Steckkarte vereinigen. Eine solche ADSL/ISDN-Karte wurde weiter oben als internes ADSL-Modem bereits erwähnt. Hierbei entfällt auch die Netzwerkkarte, da das ADSL-Modem direkt ohne Netzwerkkarte mit dem Splitter verbunden werden kann.

Die Wechselwirkungen bei einer ISDN- und ADSL-Konfiguration beginnen möglicherweise da, wo ISDN Internet- und Netzwerkeinstellungen vornimmt, die sich nicht mit der ADSL-Konfiguration oder ADSL-Einwahlsoftware bzw. umgekehrt vertragen.

Ein typischer Fall ist, dass z. B. bei der Installation von FRITZ!web von AVM eine zusätzliche so genannte virtuelle Netzwerkkarte installiert wird, die Probleme wegen der Bindung zum ADSL-Protokoll (PPPoE) verursacht.

Den ADSL-Anschluss nutzen

Wann ISDN nicht ADSL stört!

Gewöhnliche DFÜ-Netzwerkeinwahl (PPP) über ISDN zu einem anderen Provider ist in der Regel völlig unproblematisch und kann friedlich neben einer DFÜ-Netzwerkeinwahl über ADSL realisiert werden. Allerdings sollten Sie darauf achten, dass eine möglicherweise vorhandene virtuelle Netzwerkkarte für ISDN (NDIS-WAN) nicht an Protokolle zur ADSL-Einwahl (z. B. PPP over Ethernet) gebunden wird. So genannte reine CAPI-Porttreiber setzen direkt auf die CAPI auf und simulieren einfach ein gewöhnliches Modem zur Einwahl. Das ist in der Regel unproblematisch. Alle Programme, die auf die CAPI aufsetzen, wie FRITZ!Data, Euro File Transfer, PCAnywhere etc., werden von ADSL-Einstellungen nicht gestört und ungekehrt. Die CAPI (**C**ommon ISDN **A**pplication **P**rogramming **I**nterface) ist das standardisierte Bindeglied zwischen ISDN- (CAPI-)Anwendungen und einer ISDN-Karte eines beliebigen Herstellers.

Ein Störfaktor kann bei der Installation von so genanntem Fastinternet in Verbindung mit ADSL und dem PPP over Ethernet-Protokoll auftreten. Es gibt bei ISDN bekanntlich die Möglichkeit, sich mit zwei gebündel-

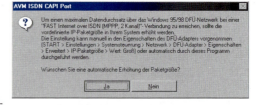

ten ISDN-Kanälen ins Internet einwählen zu können. Wenn Sie beispielsweise bei der Installation einer ISDN-Karte wie FRITZ von AVM alle Programme installieren, wird auch Fastinternet mit installiert. Dabei kommt ein Hinweis, den Sie bestimmt mit *Ja* beantworten werden.

Unter den Eigenschaften des DFÜ-Adapters wurde dabei eine IP-Paketgröße mit dem Wert *Groß* geändert: Das führt aufgrund der speziellen Paketgrößen-Eigenschaft des ADSL-Protokolls PPP over Ethernet zu echten Problemen.

Hier darf unter *Wert* nicht *Groß* stehen. Richtige Werte können sein: *Automatisch*, *Mittel* oder eventuell auch *Klein* oder eine spezielle Bezeichnung für PPP over Ethernet wie *PPPoE*, *PPPoverEthernet* oder ähnlich.

Was beim Onlinespielen mit ADSL zu beachten ist

Eine IP-Paketgröße gilt für alle DFÜ-Netzwerkverbindungen
Die IP-Paketgröße ist unter Windows 9x/ME eine generelle Eigenschaft des DFÜ-Adapters. Davon sind alle DFÜ-Netzwerkverbindungen betroffen. Wird hier also eine Einstellung für eine DFÜ-Netzwerkverbindung für eine ISDN-Einwahl vorgenommen, betrifft das auch eine DFÜ-Netzwerkverbindung für ADSL und umgekehrt.

Was beim Onlinespielen mit ADSL zu beachten ist

Wenn Sie in einem Onlinespiel schnell reagieren müssen, brauchen Sie eine Internetverbindung zu einem Server, die möglichst schnell Ihre Spielreaktionen zurückschickt und umgekehrt: Sie brauchen gute Pingzeiten. Es ist allerdings eine Fehleinschätzung zu glauben, dass die Pingzeiten einer ADSL-Verbindung, mit der Sie meistens

mindestens 12- bis 128-mal schneller als mit ISDN sind, auch immer besser – also geringer – sind.

Für Onlinespiele müssen Sie darauf achten, dass das verwendete ADSL nicht mit dem so genanntem Interleaving-Verfahren betrieben wird. Interleaving wird dazu benutzt, ADSL robuster gegenüber Störungen zu machen. Die Ansichten über Sinn und Unsinn von Interleaving gehen allerdings auseinander, was Sie daran erkennen können, dass es auch genügend ADSL-Anbieter gibt, bei denen kein Interleaving angewendet wird, sondern so genanntes Fastpath.

Bei T-DSL haben Sie allerdings bisher als Onlinespieler meistens schlechte Karten. Es ist kein Problem, einen ADSL-Anbieter zu finden, dessen Pingzeiten sehr gut sind: Mittlerweile werben ADSL-Anbieter regelrecht damit, dass sie kein Interleaving anwenden und damit die Pingzeiten sehr gut sind. Mit den Befehlen *ping* bzw. *tracert* ermitteln Sie die Antwortzeiten (Latenzzeiten) zu Ihrem (Spiel-)Server.

Den ADSL-Anschluss nutzen

So benutzen Sie den Pingbefehl:

1 Rufen Sie unter *Start/Programme/Zubehör* die *MS-DOS-Eingabeaufforderung* auf.

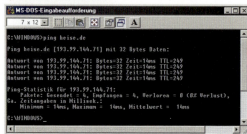

2 Nun geben Sie für Ihren Server – als Beispiel hier heise.de – in der MS-DOS-Eingabeaufforderung „ping heise.de" ein und drücken dann Enter.

Unter Windows 2000 finden Sie die Eingabeaufforderung auch unter *Start/Programme/Zubehör*. Bei den älteren Windows-Versionen vor Windows ME finden Sie die MS-DOS-Eingabeaufforderung einfach unter *Start/Programme*.

Wenn Sie einen Server öfter als 4-mal anpingen möchten, dann geben Sie einfach „ping heise.de -n 20" z. B. für einen 20-fachen Ping ein. Nach diesem Ping erhalten Sie einen guten Wert unter *Mittelwert*. Ein Dauerping zu Testzwecken wird durch *ping heise.de -t* veranlasst, den Sie mit Strg+C abbrechen können. Danach erfolgt auch die Angabe des Pingmittelwerts.

Eine andere Methode, die Pingzeiten auf dem Weg zu einem Server zu betrachten, ist die Benutzung des Befehls *tracert* (**trace r**oute). Dazu geben Sie in der MS-DOS-Eingabeaufforderung z. B. „tracert yahoo.com" ein.

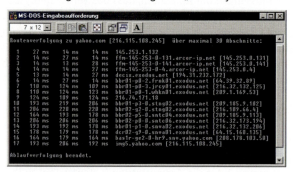

Hier sehen Sie die Antwortzeiten auf dem Weg zum Server yahoo.com über die einzelnen Abschnitte (Hops). Natürlich werden Sie als Server einen entsprechenden Gameserver untersuchen.

Was beim Onlinespielen mit ADSL zu beachten ist

Zur schnelleren Ausführung von *tracert* geben Sie einfach „tracert yahoo.com – d" ein. Dann wird nämlich die Namensauflösung der einzelnen Abschnitte (z. B. *img5.yahoo.com [216.115.108.245]*) unterdrückt.

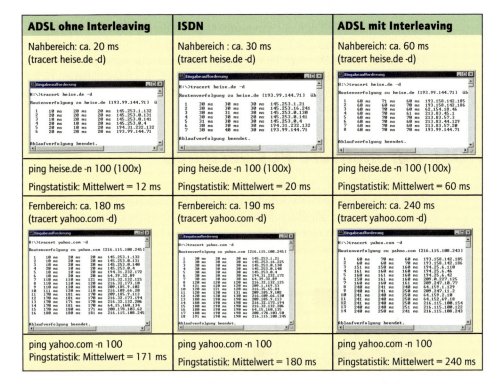

Pingzeiten sind keine feste Größen

Die Pingzeiten sind keine festen Größen und hängen natürlich auch vom Server ab. In der Regel sind die Pingzeiten im Nahbereich klein und werden im Fernbereich immer größer. Die obigeTabelle zeigt aber an Beispielen klar, dass die Pingzeiten immer schlechter werden bei den Verbindungsarten: ADSL ohne Interleaving, ISDN und als Schlusslicht ADSL mit Interleaving.

Den ADSL-Anschluss auf mehreren PCs nutzen

Das ADSL-Modem erlaubt auf den ersten Blick nur den Anschluss eines PCs. Im Vergleich dazu können Sie bei ISDN an den NTBA bereits mindestens zwei PCs anschließen. Wenn Sie einen ISDN- (S_0-)Verteilungsadapter mit vielen (RJ45-) Buchsen oder eine ISDN-Telefonanlage mit mehreren, durchgeschliffenen ISDN- (S_0-)Anschlüssen verwenden, können Sie mehreren PCs Zugriff auf den ISDN-Anschluss ermöglichen.

ADSL auf mehrere PCs verteilen

Wenn Sie mal davon absehen, dass Sie bei ISDN über zwei Kanäle verfügen, dann bedeutet diese ISDN-Verteilung, dass Sie auf mehreren PCs einen ISDN-Kanal nutzen können, allerdings nicht gleichzeitig. Eine vergleichbare ADSL-Verteilung können Sie mit einem klassischen Netzwerkgerät, dem Hub, auch erreichen. So sieht eine schematische Schaltung aus:

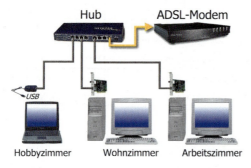

Jeder PC besitzt eine interne oder externe Netzwerkkarte und wird mit einem so genannten Twisted-Pair-Kabel an jeweils einen Port (Anschluss) des Hubs angeschlossen.

Das ADSL-Modem wird mit dem mitgelieferten Originalkabel, in der obigen Schaltung gelb dargestellt, an den so genannten Uplink-Port des Hubs angeschlos-

ADSL auf mehrere PCs verteilen

sen. Der Uplink-Port ist meistens der letzte Port des Hubs und kann zum Anschluss an einen weiteren Hub benutzt werden. Die einzelnen Twisted-Pair-Kabel zu den PCs dürfen bis zu 100 Meter lang sein, wenn sie die übliche Kabelqualität (mindestens) der Kategorie 5 (CAT 5) besitzen. Solche Kabel bekommen Sie in jedem größeren Kaufhaus. So schließen Sie alle Geräte zusammen:

1 Verbinden Sie den Hub mit dem externen Netzteil bzw. schalten Sie ihn ein. Hier ist es ein so genannter Dualspeed-Hub, also ein Hub, der die Geschwindigkeiten 10 MBit/s und 100 MBit/s beherrscht. Sie können auch einfach einen Hub für nur 10 MBit/s, 10BaseT genannt, benutzen, allerdings keinen reinen 100-MBit/s-Hub, 100BaseTX-Hub genannt, weil ADSL-Modems in der Regel nur eine einfache Ethernet-Schnittstelle (10 MBit/s) eingebaut haben.

2 Schließen Sie nun das ADSL-Modem mit dem mitgelieferten Kabel an den Uplink-Port des Hubs an. In diesem Fall besitzt der Hub einen Uplink-Port, den Sie mit einem Schalter zu einem normalen Port verwandeln können. Sie sehen dann in der Regel eine Kontrollleuchtdiode, die beim richtigen Anschließen zu leuchten beginnt. Sie können sehen, dass die Leuchtdiode aus- und angeht, wenn Sie den rechten Schalter (*Normal/Uplink*) drücken.

3 Nun schließen Sie das erste Kabel zu einem PC an einem beliebigen Port des Hubs an. Im obigen Schaltbild sehen Sie, dass Sie die PCs von links nach rechts an den Hub anschließen können. Die einzelnen Ports sind gleichwertig. Wenn der

Den ADSL-Anschluss auf mehreren PCs nutzen

PC betriebsbereit ist, sollte eine Leuchtdiode am entsprechenden Port angehen.

4 Wiederholen Sie den letzten Vorgang für jeden weiteren PC. Damit Sie den korrekten Anschluss jedes PCs durch das Aufleuchten der entsprechenden Leuchtdiode sehen können, sollten vorher alle betreffenden PCs eingeschaltet sein.

Twisted-Pair-Kabel sind auch in verschiedenen Farben erhältlich, sodass sie Netzwerkgeräte gut unterscheiden helfen.

Nachdem Sie alles angeschlossen haben, können Sie nun jeden PC für sich allein in ADSL einwählen lassen, wobei Sie einfach Ihre ADSL-Konfiguration auf jedem PC wiederholen.

ADSL auf mehreren PCs gleichzeitig nutzen: Voraussetzungen

Die direkte Verteilung des ADSL-Anschlusses wie im vorherigen Hub-Beispiel hat bei vielen ADSL-Varianten den Nachteil, dass die Einwahl eines PCs die der anderen sperrt:

Sie können sich nur mit einem PC gleichzeitig in ADSL einwählen. Abhilfe schafft hier, eine der klassischen Softwarelösungen zu benutzen, die auf einem speziell ausgewählten PC läuft und worüber die anderen PCs ADSL mitbenutzen können.

Neben den kommerziellen Softwarelösungen zur Internetmitbenutzung, wie Proxyserver à la WinGate, Softwarerouter à la Sygate, aber auch speziellen ADSL/ISDN-Softwarelösungen wie KEN!DSL von AVM, können Sie Bordmittel mit eventuell etwas zusätzlicher kostenloser Software einsetzen. Als Alternative können Sie auch eine Hardwarelösung wie einen ADSL-Router benutzen, die im Folgenden noch beschrieben wird.

ADSL auf mehreren PCs gleichzeitig nutzen: Voraussetzungen

Klassische Mehrplatzlösungen

Grundsätzlich lassen sich klassische Mehrplatzlösungen, also Lösungen zur gleichzeitigen Benutzung eines ADSL-Anschlusses auf mehreren PCs, in zwei Kategorien einteilen:

- Hardwarelösungen:
  Hier wird ein Gerät benutzt, z. B. ein ADSL-Router oder eine ADSL-Telefonanlage.

- Softwarelösungen:
  Ein PC mit geeigneter Software (z. B. Proxyserver oder Softwarerouter) kommt zum Einsatz.

Router:
Ein Router (Internetrouter) ist in der Lage, eine IP-Adresse für das Internet auf ein ganzes Heimnetzwerk zu verteilen. Es gibt ihn als Hardwarerouter (ADSL-Router) und auch als Softwarerouter (Internetverbindungsfreigabe, Sygate etc.). Mit Routern ist der Konfigurationsaufwand an den einzelnen Clients (PCs im Heimnetzwerk, die Internet mitbenutzen) am geringsten, und es funktionieren die meisten Internetanwendungen, z. B. auch Onlinegames, im Heimnetzwerk.

Proxyserver:
Ein Proxyserver ist als Stellvertreter im Internet und stellt bestimmte Internetdienste zur Verfügung. Proxyserver erfordern von den Clients einen größeren Konfigurationsaufwand als Router und erlauben in der Regel nur eine eingeschränkte Internetverbindung: Es funktionieren bestimmte Internetfunktionen wie E-Mail, Newsgroups, Chats nicht, je nachdem, welche Internetdienste der Proxyserver beherrscht. (Es gibt natürlich Proxyserver, sogar kostenlose, mit denen Sie auch E-Mails und Newsgroup-Postings empfangen und versenden können, z. B. AnalogX, JanaServer.)

Große Proxyserver bieten unter anderem einen Zwischenspeicher (Cache), mit dem mehrfach angeforderte Internetseiten nicht aus dem Internet geladen werden müssen, sondern über das schnelle Heimnetzwerk zur Verfügung gestellt werden können.

In beiden Fällen, Proxyserver oder Router, stellt also nur ein PC oder ein Gerät eine Internetverbindung her. Man sagt, von außen sähe es so aus, als wäre nur ein Gerät bzw. PC im Internet: der Proxyserver bzw. Router.

Alle diese Lösungen haben gemeinsam, dass es einen PC oder ein Gerät gibt, der bzw. das eine ADSL-Verbindung herstellt und die anderen PCs die Internetverbindung über ein Netzwerk, ein so genanntes LAN = **L**okal **A**rea **N**etwork bzw. Heimnetzwerk, mitbenutzen.

Das klingt komplizierter, als es ist. Jeder PC braucht für die ADSL-Mitbenutzung nur eine Netzwerkkarte und das Internetprotokoll. Falls Sie mit Ihrem Heimnetz-

Den ADSL-Anschluss auf mehreren PCs nutzen

werk noch mehr machen möchten als die Internetmitbenutzung, z. B. auf gemeinsame Festplatten und Drucker zugreifen, dann brauchen Sie etwas Netzwerkwissen und möglicherweise eine etwas größere Konfiguration. Falls Sie aber bereits schon ein Heimnetzwerk, z. B. mit dem NETBEUI-Protokoll, benutzen, brauchen Sie auf jedem PC nur noch das TCP/IP-Protokoll hinzuzufügen als Voraussetzung für die Internetmitbenutzung.

Wenn Sie mehrere PCs in einem Heimnetzwerk zur ADSL-Mitbenutzung vernetzen möchten, gehen Sie genauso wie in der vorherigen Hub-Schaltung vor. Den PC, auf dem eine Softwarelösung zur ADSL-Verteilung läuft, nenne ich zur Vereinfachung ADSL-Server, die PCs, die ADSL mitbenutzen, ADSL-Clients oder kurz Clients.

Wenn das ADSL-Modem direkt am Hub mit dem Heimnetzwerk verbunden ist, kann jeder PC, also auch der ADSL-Server, eine ADSL-Verbindung herstellen.

Eine zweite Möglichkeit besteht darin, dass nur der ADSL-Server direkt mit dem ADSL-Modem verbunden ist und getrennt ist vom Heimnetzwerk. Das können Sie über zwei Netzwerkkarten realisieren. Die Hub-Schaltung sieht dann einfach so aus:

Bei zwei PCs können Sie z. B. über einen ADSL-Server mit zwei Netzwerkkarten den Einsatz eines Hubs umgehen. Beide PCs werden über ein so genanntes Crossover-Kabel direkt verbunden. Die zweite Netzwerkkarte wird dann an das ADSL-Modem angeschlossen:

ADSL auf mehreren PCs gleichzeitig nutzen: Voraussetzungen

Client   ADSL-Server   ADSL-Modem

Die beiden letzten Schaltungen mit zwei Netzwerkkarten ermöglichen eine strikte Trennung zwischen dem Internet und dem Heimnetzwerk und stellen die allgemeinste (und auch beste) Form dar, alle üblichen und zukünftigen ADSL-Varianten anzusteuern.

Testen Sie die Funktionstüchtigkeit aller Netzwerkkarten

Die Voraussetzung für das Gelingen jeder ADSL-Mitbenutzungslösung ist, dass alle beteiligten Netzwerkkarten richtig funktionieren. Testen Sie besonders die Funktionstüchtigkeit beider Netzwerkkarten bei einem ADSL-Server mit zwei Netzwerkkarten: Der ADSL-Server muss eine ADSL-Einwahl beherrschen und zugleich eine Verbindung zum Heimnetzwerk aufnehmen können. Das können Sie durch eine erfolgreiche ADSL-Einwahl und durch einen Pingtest feststellen: Ordnen Sie dem ADSL-Server und einem Client feste private IP-Adressen zu, z. B. 192.168.0.1 und 192.168.0.2 mit Subnetzmaske 255.255.255.0, und geben in der MS-DOS-Eingabeaufforderung am ADSL-Server „ping 192.168.0.2" oder „ping 192.168.0.1" am Client ein. Dann sollte jeweils der andere PC antworten:

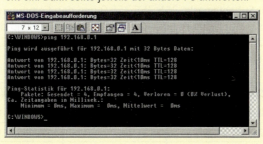

Bei Problemen mit einer oder mehreren Netzwerkkarten lesen Sie auf jeden Fall den Abschnitt über mögliche IRQ-Probleme ab Seite 41.

Wenn Sie einem ADSL-Server mit zwei Netzwerkkarten eine private IP-Adresse wie 192.168.0.1 zuordnen, müssen Sie das bei den TCP/IP-Eigenschaften der Netzwerk-

Den ADSL-Anschluss auf mehreren PCs nutzen

> **Info**
>
> karte, die zum Heimnetzwerk führt, vornehmen. Die Netzwerkkarte zum ADSL-Modem besitzt z. B. bei Verwendung des PPPoE-Protokolls überhaupt keine Bindung an das TCP/IP-Protokoll und kann deshalb keine private IP-Adresse besitzen. Wie bereits erwähnt, ist der entscheidende Adapter für ADSL hier der DFÜ-Adapter. Falls Sie eine ADSL-Variante benutzen, die eine andere Konfiguration erfordert, z. B. nur das TCP/IP-Protokoll und nicht PPPoE, können Sie die obige Schaltung mit zwei Netzwerkkarten genauso anwenden. Die Schaltungen mit zwei Netzwerkkarten sind so vielseitig, dass Sie sie genauso bei Standleitungs-, Kabel- oder Powerline-Anbindungen verwenden können.

Die kostenlose Mitsurfvariante

Gerade für Netzwerkneulinge ist es oft schwer, sich durch den Urwald von Netzwerk- und Interneteinstellungen und entsprechendes Fachchinesisch durchzukämpfen. Wenn Sie eine kurze Konfiguration lesen möchten, mit der Sie bereits in wenigen Minuten auf einem anderen PC (und auch mehreren gleichzeitig) in ADSL-Geschwindigkeit surfen können, dann benutzen Sie den einfachen Proxyserver WebWasher, den Sie (für private Anwender kostenlos) unter www.webwasher.com herunterladen können. Weitere beliebte kostenlose Proxyserver sind AnalogX unter www.analogx.com und JanaServer unter www.janaserver.de, die Sie unter Windows (auch unter Windows 95/98/NT 4.0) einsetzen können. Diese Windows-Versionen verfügen nämlich noch nicht über die so genannte Internetverbindungsfreigabe.

ADSL verteilen mit WebWasher

Netzwerkeinstellungen

Der ADSL-Server, auf dem WebWasher installiert wird, bekommt die IP-Adresse 192.168.0.1 mit Subnetzmaske 255.255.255.0 und den Computernamen *SERVER*, die Clients die Computernamen *CLIENT1*, *CLIENT2* etc. und die IP-Adressen 192.168.0.2, 192.168.0.3 etc. mit Subnetzmaske 255.255.255.0. Machen Sie sich einfach einen kleinen Netzwerkplan:

Funktion	Computername	IP-Adresse	Subnetzmaske
ADSL-Server	SERVER	192.168.0.1	255.255.255.0
Client 1	CLIENT1	192.168.0.2	255.255.255.0
Client 2	CLIENT2	192.168.0.3	255.255.255.0
etc.			

Die kostenlose Mitsurfvariante

Verwenden Sie in den Computernamen am besten keine Leerzeichen und keine Sonderzeichen. Die Groß- und Kleinschreibung spielt hierbei keine Rolle.

Falls Sie schon ein TCP/IP-Heimnetzwerk mit privaten IP-Adressen (!) eingerichtet haben, überspringen Sie einfach den Netzwerkabschnitt.

Netzwerkeinstellungen am Client

1 Rufen Sie unter *Start/Einstellungen/Systemsteuerung* mit einem Klick auf das Symbol *Netzwerk* Ihre Netzwerkkonfiguration auf. Unter dem Register *Konfiguration* sollten die Netzwerkkomponenten *Client für Microsoft-Netzwerke*, Ihre Netzwerkkarte und das TCP/IP-Protokoll installiert sein. Mehr ist für die Internetmitbenutzung nicht erforderlich, auch nicht der DFÜ-Adapter, da Sie sich an einem Client nicht in ADSL einwählen müssen. Das macht dann der ADSL-Server.

Bei markierter Zeile *TCP/IP* klicken Sie auf *Eigenschaften*.

2 Hier wählen Sie das Register *IP-Adresse* und geben mit der Einstellung *IP-Adresse festlegen* unter *IP-Adresse* „192.168.0.2" und unter *Subnetmask* „255.255.255.0" ein.

Die *Subnetmask* – oder auch *Subnet Mask* oder *Subnetzmaske* genannt – muss auf allen PCs im Heimnetzwerk gleich gewählt werden.

Das ist eine fundamentale Eigenschaft, an die Sie sich halten müssen, sonst klappt's nicht im TCP/IP-Heimnetzwerk!

T-DSL & ADSL - 121

Den ADSL-Anschluss auf mehreren PCs nutzen

3 Im Register *Identifikation* wählen Sie unter *Computername CLIENT1*, unter *Arbeitsgruppe ARBEITSGRUPPE* und unter *Beschreibung ADSL-Client 1*. Jeder PC im Heimnetzwerk muss einen anderen Namen haben. Falls Sie bereits ein Netzwerk haben, wählen Sie auf allen PCs die gleiche Arbeitsgruppenbezeichnung.

Diese Einstellungen haben allerdings mit der Internetmitbenutzung gar nichts zu tun. Dafür wird nur das TCP/IP-Protokoll benötigt und keine Windows-Besonderheiten.

Das können Sie schon daran erkennen, dass Sie auch den iMac mit den notwendigen Netzwerkeinstellungen erfolgreich an klassische Softwarelösungen zur Internetmitbenutzung mit anschließen können: Der kennt überhaupt keine Windows-Arbeitsgruppe etc.!

4 Als Letztes geben Sie noch unter *Konfiguration* als *Primäre Netzwerkanmeldung Windows-Anmeldung* und unter der Eigenschaft des *Clients für Microsoft-Netzwerke* unter *Netzwerkanmeldeoptionen Schnelle Anmeldung* an, was auch schon im Abschnitt „Wie Sie den PC schneller booten lassen" erwähnt wurde.

Entsprechend können Sie mit den weiteren Clients, *CLIENT2*, *CLIENT3* etc., nach Ihrem Netzwerkplan verfahren.

Netzwerkeinstellungen am ADSL-Server

Die Netzwerkeinstellungen am ADSL-Server hängen davon ab, welche ADSL-Variante mit wie vielen Netzwerkkarten Sie einsetzen. Verwenden Sie eine ADSL-Einwahl mit PPPoE wie bei Arcor-DSL, T-DSL oder vergleichbarem ADSL mit Bordmitteln, dann sehen die typischen, installierten Netzwerkkomponenten so aus:

Die kostenlose Mitsurfvariante

Bei zwei Netzwerkkarten	Bei einer Netzwerkkarte
Die Netzwerkkarte zum ADSL-Modem heißt: Realtek RTL8029(AS) PCI-Ethernet-Adapter	Die Netzwerkkarte zum ADSL-Modem heißt: Realtek RTL8029(AS) PCI-Ethernet-Adapter
Client für Microsoft-Netzwerke DFÜ-Adapter Intel(R) PRO/100+ Management Adapter Realtek RTL8029(AS) PCI-Ethernetadapter NDISWAN -> PPP over Ethernet Miniport PPP over Ethernet Miniport -> PPP over Ethernet Protocol PPP over Ethernet Protocol -> Realtek RTL8029(AS) PCI- TCP/IP -> DFÜ-Adapter TCP/IP -> Intel(R) PRO/100+ Management Adapter	Client für Microsoft-Netzwerke DFÜ-Adapter Realtek RTL8029(AS) PCI-Ethernetadapter NDISWAN -> PPP over Ethernet Miniport PPP over Ethernet Miniport -> PPP over Ethernet Protocol PPP over Ethernet Protocol -> Realtek RTL8029(AS) PCI- TCP/IP -> DFÜ-Adapter TCP/IP -> Realtek RTL8029(AS) PCI-Ethernetadapter
Die IP-Adresse 192.168.0.1 wird bei der Eigenschaft von *TCP/IP -> Intel(R) PRO/100* ... angeben. Das ist die Netzwerkkarte, die an das Heimnetzwerk angeschlossen ist. Die Bindung *TCP/IP -> Realtek RTL8029(AS)* wurde – wie bereits erwähnt – entfernt.	Die IP-Adresse 192.168.0.1 wird bei der Eigenschaft von *TCP/IP -> Realtek(AS)* ... angeben. Das ist die Netzwerkkarte, die an das Heimnetzwerk und an das ADSL-Modem angeschlossen ist, wie das in der obigen Hub-Schaltung dargestellt ist (ADSL-Modem direkt um Uplink-Port des Hubs). Hier wurde die Bindung *TCP/IP -> Realtek RTL8029(AS)* natürlich nicht enfernt, weil Sie sonst keine IP-Adresse fürs Heimnetzwerk (192.168.0.1) zuordnen können!

In beiden Fällen ordnen Sie einfach der Netzwerkkarte, die an das Heimnetzwerk angeschlossen ist, die IP-Adresse 192.168.0.1 und die Subnetzmaske 255.255.255.0 zu, so wie das für die Clients bereits erläutert wurde. Sie geben also im allgemeinsten Fall immer bei zwei Netzwerkkarten bei der Netzwerkkarte, die an das Heimnetzwerk angeschlossen ist, die IP-Adresse 192.168.0.1 des Proxyservers an, den alle PCs im Heimnetzwerk (Clients) benutzen sollen.

Interneteinstellungen

Einstellungen am ADSL-Server

1 Klicken Sie im WebWasher auf *Server* unter *Proxy-Engine* und unter *Erlaubte Adressen* auf die Schaltfläche *Neu*, geben Sie „192.168.0.*" ein und setzen Sie den Haken bei *Alle Zugriffe aus dem lokalen Netz erlauben*.

Den ADSL-Anschluss auf mehreren PCs nutzen

2 Wenn Sie möchten, dass sich der ADSL-Server automatisch in ADSL einwählt, wenn eine Internetseite am Client aufgerufen wird, was mit *Dial on Demand* bezeichnet wird, können Sie die DFÜ-Verbindung für die ADSL-Einwahl *adsl* als Standardverbindung automatisch einwählen lassen. Unter *Systemsteuerung/Internetoptionen* im Register *Verbindungen* machen Sie die DFÜ-Verbindung *adsl* mit *Als Standard* zur Standardverbindung und wählen die Option *Immer Standardverbindung wählen*.

Einstellungen am Client

Am Client starten Sie Ihren Lieblingsbrowser. Ich nehme jetzt mal als Beispiel den Internet Explorer. Gehen Sie dann im Menü unter *Extras* auf *Internetoptionen/ Verbindungen/LAN-Einstellungen* oder ähnlich (das hängt von Ihrem Browser ab). Dort aktivieren Sie *Proxyserver verwenden* und wählen unter *Adresse:* 192.168.0.1 sowie unter *Anschluss:* 8080.

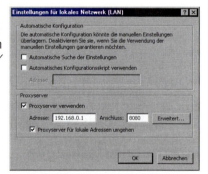

Unter den Internetoptionen geben Sie auch gleich unter *DFÜ-Verbindungen* an: *Keine Verbindung wählen*, damit der Client nicht versucht, seinerseits eine DFÜ-Verbindung fürs Internet aufzubauen, falls doch eine vorhanden ist. Die braucht er nämlich jetzt nicht, weil er fürs Internet Ihr Netzwerk benutzt.

Wenn Sie nun noch mal eine Internetseite im Browser anfordern, dann sehen Sie sie nach kurzer Zeit. Das war's.

Viel Spaß beim Surfen!

WebWasher-Installation auf dem Client

Sie können auch alternativ WebWasher auf dem Client installieren, um die obige Einstellung automatisch vornehmen zu lassen. Ich persönlich würde wegen so wenigen Einstellungen niemals einen PC mit der Installation zusätzlicher Software belästigen.

ADSL freigeben

In Windows ME/98 SE befindet sich ein eingebauter so genannter Softwarerouter (ein Gateway), die Internetverbindungsfreigabe (ICS = Internet Connection Sharing), mit der Sie ADSL freigeben können. Der Vorteil von ICS ist, dass Sie damit viel mehr Internetanwendungen (auch Onlinespiele) im Heimnetzwerk benutzen können, die bei Proxyservern wie WebWasher, JanaServer, AnalogX etc. nicht oder nur eingeschränkt funktionieren.

Für die korrekte Installation von ICS ist entscheidend, welche ADSL-Variante Sie haben. Falls Sie ADSL mit PPPoE verwenden, wird eine DFÜ-Verbindung zur Einwahl benutzt, die freigegeben werden muss. Das gilt auch für alle vergleichbaren ADSL-Varianten, die für eine ADSL-Einwahl eine DFÜ-Verbindung erzeugen. Falls Sie eine ADSL-Anbindung direkt über eine Netzwerkkarte haben, geben Sie einfach bei der ICS-Installation eben die Netzwerkkarte, die an das ADSL-Modem angeschlossen ist, frei.

Bei der folgenden Installation werden zwei Netzwerkkarten, eine RTL8029(AS) für das ADSL-Modem und eine Intel PRO/100 für das Heimnetzwerk, und das PPPoE-Protokoll in Form des RasPPPoE benutzt, der sich gerade bei Mehrplatzsystemen bewährt hat, was Sie im Abschnitt „Wo ist die Internetseite von GMX hin? Probleme beheben" lesen können. Sie können ICS auch mit nur einer Netzwerkkarte konfigurieren. Dann brauchen Sie einen Hub, und das ADSL-Modem wird direkt mit allen PCs an den Hub angeschlossen, wie das im Abschnitt „ADSL auf mehrere PCs verteilen" beschrieben ist.

Installation von ICS

Bei Windows ME finden Sie ICS (die Internetverbindungsfreigabe) unter *Systemsteuerung/Software* unter *Windows Setup* bei *Verbindungen*. Die Installation von ICS erfolgt nur am ADSL-Server, nicht an den Clients! Die folgenden Fenster sehen Sie unter Umständen nicht immer alle. Dann lesen Sie einfach weiter. Wichtig ist nur, dass die Installation der Internetverbindungsfreigabe nicht abgebrochen wird.

Den ADSL-Anschluss auf mehreren PCs nutzen

1 Es erscheint ein Willkommenfenster.

2 Hier wählen Sie *Die Einstellungen für das Heimnetzwerk auf diesem Computer bearbeiten aus ...* und klicken dann auf *Weiter*.

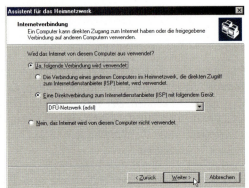

3 Nun wählen Sie die DFÜ-Verbindung *adsl* aus, die freigegeben werden soll. Denken Sie daran, dass Sie bei PPPoE nicht die Netzwerkkarte zum ADSL-Modem selbst freigeben, sondern die DFÜ-Verbindung *adsl*.

Bei ADSL, das direkt über eine Netzwerkkarte ohne PPPoE realisiert wird, ist das natürlich genau anders. Lassen Sie sich als PPPoE-Anwender nicht durch diese zusätzliche Information irritieren.

4 Dann geben Sie die Netzwerkkarte zum Heimnetzwerk (hier ist es die Intel-Karte) an. Nehmen Sie nicht die Netzwerkkarte, die mit dem ADSL-Modem verbunden ist.

Sie haben bei zwei Netzwerkkarten nie mit der Netzwerkkarte zum ADSL-Modem direkt, sondern mit dem DFÜ-Adapter zu tun, der mittels PPPoE-Protokoll an sie geknüpft ist.

5 Jetzt können Sie nach Belieben Ihren ADSL-Account eingeben oder auch erst später, wie Sie es möchten.

ADSL freigeben

6 Als Nächstes folgt noch die Bestätigung des Computernamens und der Arbeitsgruppe. Sie müssen weder die Standardarbeitsgruppe *MSHOME* noch meine (*ARBEITSGRUPPE*) akzeptieren, sondern können gleich Ihre persönliche verwenden, falls Sie eine bereits vorhandene Arbeitsgruppe haben, die unter dem Teilnetz 192.168.0.* konfiguriert ist.

7 Die nächsten Fenster klicken Sie weiter. Ich gehe davon aus, dass Sie keine Dateien auf dem ADSL-Server freigeben möchten.

8 Nun können Sie eine Installationsdiskette für das Heimnetzwerk für die Clienteinstellungen erstellen.

9 Hier beenden Sie die Installation einfach mit *Fertig stellen*.

Das war's. Nun fahren Sie Ihren Rechner runter. Nachdem Windows wieder neu gestartet ist, sollten Sie in der Taskleiste das ICS-Symbol sehen.

Schauen Sie unter *Systemsteuerung/Netzwerk*, ob Sie die folgenden typischen Netzwerkkompo-nenten der Internetverbindungsfreigabe (ICS) sehen können.

Falls Sie da nicht unter anderem die Komponenten *TCP/IP (freigegeben) -> DFÜ-Adapter* und *TCP/P (Heim) -> Intel ...* erkennen können, ist die Internetverbindungsfreigabe mit großer Wahrscheinlichkeit nicht richtig installiert und wird auch nicht funktionieren.
Wiederholen Sie die vorherige Installation, bis Sie diese Netzwerkkomponenten sehen können.

Den ADSL-Anschluss auf mehreren PCs nutzen

Wenn Sie mit der rechten Maustaste bei dem ICS-Symbol auf *Optionen* klicken, können Sie noch einmal die wichtigen ICS-Einstellungen sehen bzw. eventuell ändern.

Wichtig ist hier bei *Wählen Sie die Verbindung für das Internet: DFÜ-Adapter* und bei *Wählen Sie den primären Netzwerkadapter für den Zugriff auf das Heimnetzwerk: Intel ...* Sie finden diese Optionen auch unter *Systemsteuerung/Internetoptionen/Verbindungen/Freigabe*.

Die Clients

So wie bei der vorherigen WebWasher-Konfiguration erhalten die Clients die Computernamen *CLIENT1*, *CLIENT2* etc. Verwenden Sie einfach die Installationsdiskette fürs Heimnetzwerk. ICS arbeitet als so genannter DHCP-Server und weist den Clients ihre IP-Adressen, z. B. 192.168.0.2, 192.168.0.3, die Subnetzmaske 255.255.255.0 und weitere Angaben (Gateway, DNS-Server) zu. In diesem Fall geben Sie keine feste IP-Adresse und Subnetzmaske etc. selbst ein.

Falls Sie lieber an den Clients feste IP-Adressen wie 192.168.0.2, 192.168.0.3 etc. selbst festlegen möchten, machen Sie das wie bei der WebWasher-Konfiguration. Zusätzlich müssen Sie aber noch im Register *Gateway* und im Register *DNS-Konfiguration* die IP-Adresse des ADSL-Servers (mit ICS) 192.168.0.1 und den Hostname „client1" (bzw. „client2" etc.) eingeben. In der Tabelle auf der nächsten Seite sehen Sie noch mal alle Netzwerkeinstellungen am *CLIENT1* im Überblick:

Weitere Einstellungen im Browser oder anderer Internetsoftware müssen Sie bei einem Router wie der Internetverbindungsfreigabe nicht vornehmen, mit Ausnahme von denen natürlich, die Sie für eine Direktverbindung auch eingeben müssen.

Nun können Sie an jedem Client Newsgroups lesen, E-Mails verschicken, FTP-Uploads machen etc. und auch Onlinegames spielen.

Wie die Profis: Die Vorteile eines ADSL-Routers

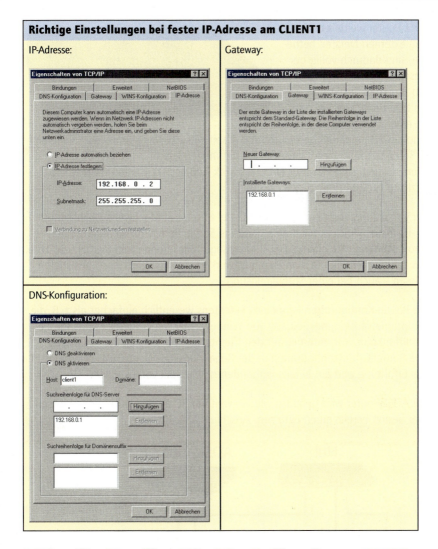

Wie die Profis: Die Vorteile eines ADSL-Routers

Wenn Sie ADSL nicht über eine Mehrplatzlösung durch einen ständig eingeschalteten PC im Heimnetzwerk freigeben möchten, dann ist ein ADSL-Router eine gute Alternative.

Den ADSL-Anschluss auf mehreren PCs nutzen

ADSL-Router werden mit einem externen Netzteil betrieben, sind dadurch völlig geräuschlos und verbrauchen einen Bruchteil des Stroms eines PCs. Bedenken Sie, dass bei einer Mehrplatzdauerlösung ein PC immer eingeschaltet und stabil einsatzbereit sein muss. So wie einige Softwarerouter bietet ein ADSL-Router immer Schutz vor Angriffen aus dem Internet durch so genanntes NAT (**N**etwork **A**ddress **T**ranslation) und eine zusätzliche Firewall (Paketfilter).

Die Vorstellung, dass ein ADSL-Router viel zu teuer und schwer zu konfigurieren sei, ist meiner Ansicht nach eine unnötige Sorge. Bereits für wenige hundert Euro bekommen Sie einen ADSL-Router, sogar mit integriertem Switch bzw. Hub, den Sie bei mehreren PCs im Heimnetzwerk immer zusätzlich noch investieren müssen – auch bei einer Softwarelösung.

Die Router-Konfiguration ist meines Erachtens wesentlich einfacher als z. B. die der Internetverbindungsfreigabe von Windows ME. In der Regel ist das für die Grundfunktion, also Internet auf den Clients, ein Kinderspiel. Bei mir dauert eine Router-Grundkonfiguration in der Regel nur eine Minute, was allerdings etwas Erfahrung und ein bereits vorhandenes Netzwerk voraussetzt.

Der ADSL-Router wird genauso wie ein weiterer PC an den Hub angeschlossen oder besitzt bereits einen Hub zum Anschluss aller PCs.

Wie die Profis: Die Vorteile eines ADSL-Routers

Der richtige ADSL-Router für Ihre ADSL-Variante

Bei der Verwendung eines ADSL-Routers müssen Sie Ihre ADSL-Variante berücksichtigen: Da der ADSL-Router eine ADSL-Verbindung herstellt, sollte er die entsprechende Einwahlwahlmethode beherrschen: Bei Arcor-DSL, T-DSL und vergleichbarem ADSL müssen Sie beim Kauf eines ADSL-Routers darauf achten, dass er das Protokoll PPPoE (PPP over Ethernet) beherrscht. Mittlerweile gibt es immer mehr ADSL-Router, die auch PPPoE beherrschen. Weitere ADSL-Varianten werden z. B. nur über Ethernet oder mit dem PPTP-Protokoll hergestellt.

So finden Sie bei dem oben dargestellten ADSL-Router RT311 und seinen Nachfolgermodellen von Netgear diese verschiedenen ADSL-Verbindungsarten. Das gibt es natürlich auch bei vielen anderen ADSL-Routern.

Wann der Einsatz eines ADSL-Routers technisch nicht funktioniert!

Da der ADSL-Router eine ADSL-Verbindung aufbauen muss, können Sie ADSL-Router nur bei Providern einsetzen, die sich an offene Standards bzw. bekannte Einwahlmethoden halten. Solange Sie einen ADSL-Zugang nur mit spezieller Einwahlsoftware benutzen können und nicht mit bekannten Bordmitteln, können Sie keinen ADSL-Router einsetzen, wie z. B. bei AOL-DSL (über T-DSL). Es gibt allerdings genügend ADSL-Provider, bei denen technisch der Einsatz eines ADSL-Routers möglich ist bzw. die ADSL-Router sogar als Sonderangebot mit anbieten.

Eine besonders elegante Anwendung eines ADSL-Routers können Sie mit einem zusätzlichen Wireless-LAN-Anschluss realisieren.

Den ADSL-Anschluss auf mehreren PCs nutzen

Sie können damit den ADSL-Anschluss drahtlos an Ihrem Laptop auf der Terrasse oder im Garten benutzen (SMC7004AWB-Barricade von SMC mit integriertem Hub (Switch) und Wireless-LAN-Anschluss nach IEEE 802.11b mit Laptop über Funk und festangeschlossenen PCs).

Weitere Informationen zur Sicherheit von Funknetzwerken können Sie im Abschnitt „Welche Hardware Sie noch kaufen müssen" lesen.

> **Info**
>
> **Was Sie tun können, wenn die Anzahl der Ports (PC-Anschlussmöglichkeiten) an einem ADSL-Router nicht mehr ausreicht ...**
>
> Falls Sie einen ADSL-Router mit der Anschlussmöglichkeit von z. B. vier PCs besitzen und noch weitere PCs anschließen möchten, schließen Sie einfach einen zusätzlichen Hub wie einen PC an ein ADSL-Router an, z. B. einen 16-Port-Hub wie DS116 von Netgear etc. Dazu verbinden Sie den Uplink-Port des zusätzlichen Hubs mit einem normalen Twisted-Pair-Kabel an einen Port des ADSL-Routers. Falls Ihr zusätzlicher Hub keinen Uplink-Port besitzt, verwenden Sie ein so genanntes Crossover-Kabel und verbinden es von einem normalen Port des Hubs mit einem Port des ADSL-Routers.

Internetanwendungen im Heimnetzwerk

Um es gleich vorweg zu sagen: Eine Internetverbindung über eine Mehrplatzlösung ist an den Clients nicht vollständig vergleichbar mit einzelnen, getrennten Internetverbindungen. Das liegt in erster Linie daran, dass bei einer Mehrplatzlösung alle PCs im Heimnetzwerk (Clients) für das Internet nur eine IP-Adresse besitzen. Sie können allgemein, sozusagen von außen, bei einer IP-Adresse, mit der ein ganzes Heimnetzwerk im Internet ist, nicht unterscheiden, welcher PC sich gerade dahinter verbirgt. Dieser Nachteil bildet aber den Hauptvorteil einer Mehrplatzlösung und wird „natürliche Firewall" genannt, die dadurch alle PCs im Heimnetzwerk schützt.

Dieses Merkmal einer Mehrplatzlösung, dass alle PCs geschützt werden (bzw. geschützt werden können), bedeutet, dass deshalb außer möglicherweise dem ADSL-Server selbst kein PC für eingehende Verbindungen (sprich als Server) vorhanden ist. Sie können aber mit jedem Router wie der Interverbindungsfreigabe, Sygate oder auch einem ADSL-Router einstellen, welcher PC im Heimnetzwerk an welchen so genannten Ports (und Protokollen) auf eingehende Verbindungen wartet. Das wird IP-Forwarding oder Port-Forwarding genannt.

Internetanwendungen im Heimnetzwerk

Wenn Sie also einen PC im Heimnetzwerk, auf dem ein PCAnywhere-Host, Morpheus zum Dateisharen, ein Webserver, FTP-Server etc. läuft, im Internet sichtbar machen möchten, müssen Sie dafür sorgen, dass die betreffenden Ports der Anwendungen nicht abgeblockt und auf den entsprechenden PC umgelenkt werden.

Eine weitere wichtige Eigenschaft für das Funktionieren einer Internetanwendung bei einer Mehrplatzlösung ist, dass sie kompatibel dazu sein muss. Sie können also nicht bei jeder Internetanwendung davon ausgehen, dass sie 100 % kompatibel zur einer gegebenen Mehrplatzlösung ist.

Für die Internetverbindungsfreigabe von Windows 98 SE/ME gibt es ein Tool ICSConfig von Alan MacCombs, das Sie unter lynx.neu.edu/a/amccombs downloaden können. Dort finden Sie auch noch ein paar Tipps, wie einige Anwendungen mit ICSConfig eingestellt werden.

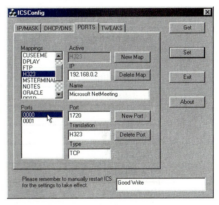

Hier geben Sie unter *IP* die IP-Adresse „192.168.0.2" ein, falls dort ein PC auf eingehende Verbindungen wartet.

Das Beispiel gilt hier für NetMeeting. Schalten Sie unter *Ports* auf *0001* um und geben unter *IP* auch „192.168.0.2" ein. Falls Ihre IP-Adresse eine andere als 192.168.0.2 ist, dann nehmen Sie einfach die entsprechende.

Sie können hier auch eigene *Mappings* einführen, wenn Sie die betreffenden Ports/Protokolle einer Anwendung kennen.

Was ist ein Mapping?

Wie Sie bereits am obigen Screenshot von ICSConfig erkennen können, werden für verschiedene Anwendungen Portzuordnungen (Maps/Mappings) getroffen, in denen festgelegt wird, wie sich die Internetverbindungsfreigabe bei diesen Ports verhalten soll: z. B. Ports abblocken bzw. an eine bestimmte IP-Adresse weiterleiten.

Den ADSL-Anschluss auf mehreren PCs nutzen

Auch bei einem ADSL-Router können Sie ein Port-Forwarding einstellen. Hier ist ein Beispiel, wie ein RT311 oder höher von Netgear auf einen PC mit einem PCAnywhere-Host (192.168.0.2) abgebogen wird. Die Einstellungen können Sie unter *ADVANCED/PORTS* über einen beliebigen Webbrowser vornehmen.

	Start Port	End Port	Server IP Address
1	Default	Default	0.0.0.0
2	5631	5632	192.168.0.2
3	65301	65301	192.168.0.2
4	0	0	0.0.0.0
5	0	0	0.0.0.0
6	0	0	0.0.0.0
7	0	0	0.0.0.0
8	0	0	0.0.0.0
9	0	0	0.0.0.0
10	0	0	0.0.0.0
11	0	0	0.0.0.0
12	1026	1026	RR Reserved

Ich habe Ihnen hier eine kleine Portliste (in alphabetischer Reihenfolge) für bekannte Internetanwendungen zusammengestellt:

Anwendung	Ports
Cu-SeeMe	7648+7649, 24032
FTP-Server (ftp://)	21 (20)
Gnutella	6346
IRC	6667+7000
Morpheus	1214
Napster	6702-6705 (für mehrere PCs gleichzeitig)
NetMeeting 2.1 & 2.2	1503+1720
PCAnywhere	5631+5632, 65301
POP3-Server	110
SMTP-Server	25
VDOPhone	7000+7010, 32649
VNC	5800-5899, 5900-5999, 5500
VPN-Server (PPTP)	1723
Webserver (http://)	80 (Standard), 8000, 8080
Webserver-Secure (https://)	443

Onlinespielen im Heimnetzwerk – So geht's

> **Grenzen von Port-Forwarding**
>
> Wenn Sie einen Portbereich bereits an einen PC weitergeleitet haben, ist es nicht möglich, diesen Portbereich auch einem anderen PC im Heimnetzwerk zu zuweisen. Sie können deshalb nur einen FTP-Server im Internet sichtbar machen. Falls aber Ihre Server verschiedene voneinander getrennte Portbereiche benutzen, können Sie natürlich mehrere Server sichtbar machen: einen FTP-Server bei 192.168.0.2, einen PCAnywhere-Host bei 192.168.0.3 etc. Daher kommt die typische Aussage, dass Sie meistens vollständig, also vom und zum Internet, eine Anwendung nur mit einem PC gleichzeitig im Heimnetzwerk benutzen können, wenn das überhaupt geht. Interessant für das Betreiben mehrerer Server sind also Anwendungen, die nicht nur auf einem Port, sondern einem größeren Portbereich arbeiten können, z. B. Napster.

Onlinespielen im Heimnetzwerk – So geht's

Um möglichst optimale Voraussetzungen für Onlinespiele im Heimnetzwerk zu haben, ist ein Router wie z. B. die Internetverbindungsfreigabe (ICS) von Windows 98 SE/ME oder ein ADSL-Router zu empfehlen.

Das Problem, dass man Ihren Gameserver nicht im Internet finden kann, ist das gleiche wie im vorherigen Abschnitt „Internetanwendungen im Heimnetzwerk".

Sie müssen nur in Erfahrung bringen, welche Ports ein Spiel benutzt, und konfigurieren dann ein entsprechendes Port-Forwarding. In Zweifelsfällen machen Sie ein Port-Forwarding auf einen großen oder und den gesamtem Portbereich. Besser ist aber, wenn Sie die Ports genauer eingrenzen können (Sicherheit!).

Auch hier habe ich Ihnen eine kleine Portliste bekannter Spiele in alphabetischer Reihefolge zusammengestellt:

Spiel	Ports
Battlecom	2300-2400, 28800-28900, 47624
Diablo II	116+118,4000,6112
Half-Life, Counter-Strike	6112, 27005-27035, Standard-Serverport=27015
Quake	26000+27500+27910, Serverport= 27960
Siedler III	2300-2400,3346-3400,28800-28900,47624
StartCraft	6112
Unreal Tournament	7777-7779, 27900

Den ADSL-Anschluss auf mehreren PCs nutzen

Sie müssen übrigens im Allgemeinen bei Ihrem Router keine Portweiterleitung auf den PC machen, mit dem Sie ein Onlinegame spielen möchten, außer wenn Sie versuchen, selbst einen Gameserver zu stellen. So können Sie an einem PC im Heimnetzwerk mit einem beliebigen ADSL-Router von der Stange (z. B. RT311/ 314 von Netgear) bereits sofort an einem Spiel wie z. B. Half-Life bzw. Counter-Strike im Internet teilnehmen.

Wo ist die Internetseite von GMX hin? Probleme beheben

Das ist ein typisches Problem von ADSL in Verbindung mit PPP over Ethernet und kann auch noch andere Internetseiten betreffen. Wenn Sie als Mehrplatzlösung einen Router, z. B. die Internetverbindungsfreigabe von Windows 98 SE/ ME/2000/XP, mit einem nicht völlig mehrplatztauglichen PPPoE-Protokoll verwenden, können Sie so genannte MTU-Probleme an den Clients bekommen. Eine gute Testinternetseite für dieses Problem ist www.gmx.de.

Eine einfache Lösung dieses Problems besteht darin, einen vollständig mehrplatztauglichen PPPoE-Treiber zu verwenden. Für Windows 98/ME/2000 und XP können Sie dafür den bereits vorgestellten RasPPPoE (ab Version 0.96) von R. Schlabbach verwenden.

Er besitzt eine so genannte MSS-Clamp-Funktion. Unter *General* aktivieren Sie einfach die Einstellung *Limit TCP Maximum Segment Size (MSS) Option*.

Einschränkungen der vorgestellten Mehrplatzlösungen

Leider sind viele andere PPPoE-Treiber in diesem Sinn nicht vollständig mehrplatztauglich: Engeltreiber, WinPoET und sogar die in Windows XP bereits eingebaute PPPoE-Unterstützung, was also in diesem Fall (Mehrplatz!) für die Verwendung von RasPPPoE bei Windows XP spricht, obwohl Windows XP auch selbst eine PPPoE-Einwahl beherrscht.

Böse Zungen behaupten sogar, das ADSL-Provider gern PPPoE-Treiber ohne MSS-Clamp-Funktion bevorzugen, weil es ihnen gelegen kommt, wenn ein ADSL-Anschluss als Einzelplatz keine Probleme und als Mehrplatz immer wieder Probleme verursacht.

Einschränkungen der vorgestellten Mehrplatzlösungen

Bei einem einfachen Proxyserver wie WebWasher, JanaServer, AnalogX etc. haben Sie nicht einen vollwertigen Internetzugriff wie mit einer Direktverbindung. Wenn Sie also bereits mit dem WebWasher auf den Clients surfen können, heißt das noch nicht, dass viele andere Internetanwendungen wie E-Mail, FTP, Newsgroups, Chats, Onlinegames etc. auch funktionieren, weil das Internet eine Sammlung von weiteren Diensten neben dem Surfen (http) erlaubt.

Beim JanaServer und AnalogX können Sie allerdings E-Mails, FTP und Newsgroups auch über die entsprechenden Proxies benutzen. Sie müssen allerdings bei einem reinen Proxyserver bei allen Internetanwendungen auf allen Clients die IP-Adresse des Proxyservers und eventuell einen speziellen Proxyport angeben.

Wenn Sie also bei Ihrem Proxyserver auch Einstellungen für einen POP3- und SMTP-Server (E-Mailserver für Ausgangs- und Eingangspost) haben, dann konfigurieren und aktivieren Sie diese und stellen die Clients bei den E-Mail-Einstellungen auf die IP-Adresse des Proxyservers, hier z. B. *192.168.0.1*, ein.

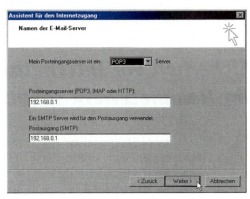

Genauso können Sie bei FTP, Newsgroups etc. verfahren.

Den ADSL-Anschluss auf mehreren PCs nutzen

Aber auch bei kommerziellen Mehrplatzlösungen, die einen Proxyserver enthalten, wie KEN!DSL oder WinGate, kann es erforderlich sein, Proxyservereinstellungen bei Anwendungen vorzunehmen, so zum Beispiel die IP-Adresse des KEN!DSL Service PCs mit dem Port 2121 für eine FTP-Verbindung zum Updaten der eigenen Homepage.

Für die Frage der Flexibilität bei Mehrplatzlösungen ist es daher entscheidend, ob sie nur eine eingeschränkte Internetverbindung aufgrund von Sicherheitseinstellungen ermöglichen, die Sie aber ändern können, oder ob sie einfach nicht mehr können, z. B. wie einfache Proxyserver wie WebWasher oder AnalogX.

Sie entscheiden dann als Anwender immer, welchen Kompromiss Sie in Sachen Flexibilität und Sicherheit machen möchten. Bei Routern wie der Internetverbindungsfreigabe von Windows, kommerziellen Routern wie Sygate, aber auch mit einem ADSL-Router haben Sie wesentlich mehr Möglichkeiten, mit einem Minimalaufwand an den Clients viel mehr Internetanwendungen lauffähig zu machen, z. B. auch Onlinegames.

Der Grund, warum Sie hier die einfache Konfiguration des Proxyservers WebWasher trotz seiner eingeschränkten Möglichkeiten lesen können, ist die Schlichtheit und Narrensicherheit seiner Konfiguration. Das gilt auch für die kostenlosen Proxyserver JanaServer und AnalogX. Ein zweiter Grund für den Einsatz solcher Proxyserver ist einfach die Tatsache, dass Sie die Internetverbindungsfreigabe nur ab Windows 98 SE und nicht bei Windows NT 4.0 finden können. Und schließlich zeigt sich gerade bei PPP over Ethernet, wie es bei Arcor-DSL, T-DSL und vergleichbarem ADSL angewendet wird, dass Proxyserver unempfindlicher gegenüber dem typischen MTU-Problem sind, dass nämlich am Client bestimmte Internetseiten nicht im Browser erscheinen, wie das im Abschnitt „Wo ist die Internetseite von GMX hin? Probleme beheben" erläutert wird.

Sicherheit vor Internetangreifern – Wie Sie ihr Heimnetzwerk schützen können

Möglicherweise denken Sie, weil Sie keine feste IP-Adresse im Internet haben, z. B. bei ADSL-Einwahl mit PPPoE, dass Sie deshalb schon vor Angreifern geschützt sind. Sicherheitslücken im Heimnetzwerk ändern sich nicht dadurch, dass Sie eine feste oder dynamische IP-Adresse haben. Ein Angreifer, der eine gezielte Attacke auf Sie vorhat, wird Sie nur schwerer finden können. Dann versuchen es eben andere im Internet.

Wie Sie ihr Heimnetzwerk schützen können

Wenn Sie den ADSL-Anschluss mit einem Hub einfach nur verteilen, müssen Sie sich bei jedem einzelnen PC um einen Schutz kümmern. Dafür können Sie die gleichen Programme benutzen wie an einem Einzelplatz-PC: Komplettsicherheitslösungen wie z. B. von Norton oder Personal Firewalls wie ZoneAlarm oder besser wie Sygate Personal Firewall. Weitere Informationen hierzu können Sie im Abschnitt „Den ADSL-PC sicher machen" nachlesen.

Bei einer Softwarelösung wie Web-Washer, JanaServer, AnalogX etc. können Sie auf dem ADSL-Server z. B. Zone-Alarm oder vergleichbar einsetzen, wobei Sie aber in der Regel den Internet-Security-Level nicht auf voll aufregeln können, weil die Softwarelösung sonst gar nicht oder nur eingeschränkt funktioniert.

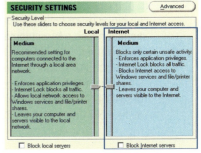

Das gilt auch für die Internetverbindungsfreigabe (ICS) von Windows 98 SE/ME, wobei ICS die typischen Windows-Ports vor Angreifern schützt. Bei erhöhtem Sicherheitsbedarf sind kommerzielle Router mit Firewall wie Sygate *von Sybergen* (www.sybergen.com) inklusive der Sygate Personal Firewall ratsamer.

Einen guten Schutz können Sie durch den Einsatz eines ADSL-Routers im Heimnetzwerk erreichen. Auch wenn Router, Software- oder Hardwarerouter, klassische Mehrplatzlösungen sind, schützen sie

meistens durch NAT und eine zusätzliche Firewall (so genannter Paketfilter) einen oder mehrere PCs. Das spricht selbst beim Einsatz nur eines PCs für solche Lösungen:

Jede Mehrplatzlösung ist auch eine Einzelplatzlösung: Sie schließen einfach nur einen PC an! Das ist übrigens ein interessanter Punkt bei AGBs von Providern, die die Verwendung eines Routers zu verbieten versuchen. Solange ein Provider nicht die Sicherheit einer ADSL-Verbindung garantieren kann, was er niemals kann (!), darf er auch nicht den Einsatz eines Routers zum Schutz eines PCs verbieten. Verbieten kann er höchstens die gleichzeitige Benutzung des Routers mit mehreren PCs.

Den ADSL-Anschluss auf mehreren PCs nutzen

Sie sollten sich beim Thema Sicherheit darüber im Klaren sein, dass Sicherheit immer in einem Gesamtzusammenhang gesehen werden und auf dem neusten Kenntnisstand sein muss. Das erfordert tiefer gehende und aktuelle Kenntnisse komplexer Systeme. Sie haben deshalb immer ein Restrisiko zu berücksichtigen. Der einzig todsichere Schutz vor Angreifern über einen ADSL-Anschluss unter allen nur denkbaren Einbruchsversuchen besteht in der physikalischen Abtrennung des ADSL-Modems vom Heimnetzwerk bzw. Router etc.

Im einfachsten Falle können Sie das dadurch erreichen, wenn das ADSL-Modem an einen Hub angeschlossen ist, dass Sie den vorhandenen Schalter am Uplink-Port (Normal/Uplink) drücken, bis die Kontrollleuchtdiode ausgeht, wie das im Abschnitt „ADSL auf mehrere PCs verteilen" beschrieben ist. Natürlich können Sie auch einfach für eine gewisse Zeit das Kabel aus der Ethernet-Schnittstelle des ADSL-Modems herausziehen, was allerdings auch bedeutet, dass Sie dann nicht mehr über ADSL verfügen können.

Fragen, Antworten & mehr

Muss ich bei ADSL noch Telefonkosten bezahlen?

Nein! Im Gegensatz zu einer Wählverbindung über eine Telefon- oder ISDN-Leitung können bei ADSL keine Telefongebühren anfallen: ADSL ist keine Telefonverbindung, sondern bei allen ADSL-Varianten mit einer Standleitung zu vergleichen. Lassen Sie sich durch den geläufigen Begriff der ADSL-Einwahl nicht verwirren. Unter ADSL-Einwahl wird nur eine ADSL-Variante verstanden, die einen Anmeldevorgang für eine ADSL-Verbindung durchführt. In der Regel erhalten Sie bei diesen ADSL-Varianten dann eine dynamische, also nicht feste IP-Adresse fürs Internet. Zu solchen Wähl-ADSL-Varianten gehören z. B. ADSL mit PPPoA (PPP over ATM), PPTP (Point to Point Tunneling Protocol) und PPPoE (PPP over Ethernet).

Sie können generell beim Surfen über ADSL gleichzeitig telefonieren

Da ADSL als höher frequenter Anteil auf einer Telefonleitung dem Telefonsignal hinzugefügt wird, können Sie diesen Anteil als einen zusätzlichen Highspeed-Internetkanal betrachten, der das Telefonsignal überhaupt nicht betrifft bzw. stört. Deshalb ist auch Ihr Telefon nicht besetzt, wenn Sie über ADSL im Internet surfen, bzw. Sie können gleichzeitig beim Surfen telefonieren.

So wird der Benutzername für eine ADSL-Einwahl mit dem DFÜ-Netzwerk in T-Online gebildet

Bei T-Online hat der ADSL-Benutzername folgende Struktur:

Zugangsdaten	Beispiel	Bemerkung
Beispiel 1		
Anschlusskennung (A)	000123456789	zwölfstellig
T-Online-Nummer (T)	321111111111	zwölfstellig
Mitbenutzernummer (M)	0001 (bis 9999)	in der Regel 0001 (oder 1) für den Hauptbenutzer
ADSL-Benutzername	000123456789321111111110001@t-online.de	

Fragen, Antworten & mehr

Zugangsdaten	Beispiel	Bemerkung
Beispiel 2		
Anschlusskennung (A)	000123456789	zwölfstellig
T-Online-Nummer (T)	06912345678	ältere Nummern haben weniger als zwölf Stellen
Mitbenutzernummer (M)	0001 (bis 9999)	in der Regel 0001 (oder 1) für den Hauptbenutzer
ADSL-Benutzername	00012345678906912345678#0001@t-online.de	

Die Kurzschreibweise ist also *ATM@t-online.de* in Beispiel 1 und *AT#M@t-online.de* in Beispiel 2.

Schreiben Sie alles klein und ohne Leerzeichen. Die Mitbenutzernummer (M) muss keine führenden Nullen haben. Sie können also auch einfach schreiben:

00012345678906912345678#1@t-online.de

Wenn Sie eine ADSL-Einwahl mit einem Mitbenutzerzugang (0002) vornehmen, sieht der Benutzername so aus:

0001234567893211111111110002@t-online.de bzw.
00012345678906912345678#2@t-online.de

Vergessen Sie nicht das angehängte *@t-online.de* im Benutzernamen!

> **T-Online (International AG) ist einer von vielen ADSL-Providern**
>
> In der Anfangszeit war T-Online der einzig verfügbare ADSL- (T-DSL-)Provider in Deutschland und ADSL gleichbedeutend mit T-DSL und auch mit T-Online. Mittlerweile sind zahlreiche neue ADSL-Anbieter und -Provider hinzugekommen, die genügend Alternativen bieten oder auf lokaler Ebene sogar wesentlich bessere Angebote bereitstellen können. Es ist in keiner Weise Ziel dieses Buchs, nur Telekom- oder T-Online-Spezifisches darzustellen.
>
> Der einzige Grund, warum hier der ADSL-Benutzername für eine T-Online-Einwahl besonders erläutert wird, ist die Tatsache, dass es der komplizierteste und wohl auch längste Benutzername (mindestens 37 Zeichen!) für eine ADSL-Einwahl überhaupt ist. Dieser Benutzername hat aufgrund seiner enormen Länge schon zu einigen Problemen bei älteren ADSL-Routern geführt und ist sicherlich auch der Grund dafür, dass viele Benutzer, denen eine PPP-Einwahl an sich geläufig ist, bereits unter ISDN möglicherweise auf Anhieb keine erfolgreiche Einwahl zu Stande bekommen haben.

Fragen, Antworten & mehr

Was ist der Unterschied zwischen einem normalen Twisted-Pair-Kabel und einem Crossover-Kabel, und wie können Sie beide Kabel bereits äußerlich unterscheiden?

Das normale Twisted-Pair-Kabel (1:1 beschaltet) und das Crossover-Kabel sind beides Netzwerkkabel mit einem so genannten RJ45-Stecker, den Sie auch von ISDN her kennen. Allerdings hat er da eine andere Belegung. Für die Standard-Ethernet-Belegung sind nur die Pins 1, 2, 3, 6 am/an der RJ45-Stecker/-Buchse notwendig.

PIN	Belegung	
1	TD+	Transmit Data +
2	TD-	Transmit Data -
3	RD+	Receive Data +
4	unbenutzt	
5	unbenutzt	
6	RD-	Receice Data -
7	unbenutzt	
8	unbenutzt	

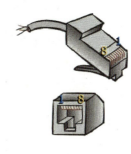

Diese Belegung gilt für 10BaseT und 100BaseTX, aber nicht 100BaseTX4. Ein normales Twisted-Pair-Kabel wird auch glattes Kabel (straight cable) und ein gekreuztes Twisted-Pair-Kabel Crossover-Kabel (crossover cable) genannt. So sehen die Belegungen an den RJ45-Buchsen (Draufsicht von vorn) aus:

Glattes Kabel (straight)	Gekreuztes Kabel (crossover)
Damit verbinden Sie in der Regel das ADSL-Modem mit der Netzwerkkarte oder schließen einen PC an einen normalen Port eines Hubs an.	Damit vernetzen Sie zwei PCs direkt ohne einen Hub. Falls Ihr Hub keinen Uplink-Port besitzt, macht ein Crossover-Kabel aus einem normalen Port einen Uplink-Port und umgekehrt.
Belegung in Kurzform: 1-1, 2-2, 3-3, 6-6	Belegung in Kurzform: 1-3, 2-6, 3-1, 6-2

T-DSL & ADSL - 143

Fragen, Antworten & mehr

Im einfachsten Fall können Sie ein normales Twisted-Pair-Kabel von einem Crossover-Kabel unterscheiden, wenn der Hersteller freundlicherweise eine entsprechende Markierung angebracht hat. So können Sie bei einem normalen Twisted-Pair-Kabel die Markierung STRAIGHT CABLE ...

... und bei einem Crossover-Kabel die Markierung CROSSOVER CABLE finden.

Info: Äußerliches Erkennen eines Crossover-Kabels

Da die einzelnen Adern der Pins (1, 2, 3, 6) verschiedene Farben haben, können Sie mit bloßem Auge (mit einer Lupe) an der unterschiedlichen Farbreihenfolge an den beiden RJ45-Steckern durch das Plexiglas ein Crossover-Kabel erkennen. Dazu legen Sie beide RJ45-Stecker in gleicher Weise vor sich hin:

Warum Sie das ADSL-Modem nachts nichts ausschalten sollten

Wenn Sie das ADSL-Modem eine längere Zeit ausschalten, kommt es in der Regel vor, dass der ADSL-Anschluss von Seiten der Vermittlungsstelle deaktiviert wird. Das ist eine Schutzfunktion, damit die Vermittlungsstelle nicht vergeblich auf ein nicht vorhandenes oder nicht betriebsbereites ADSL-Modem wartet. Wenn das ADSL-Modem nach einer nur kurzen Abschaltung wieder eingeschaltet wird, kann es sein, dass es etwas Zeit braucht, bis eine erfolgreiche Synchronisation abgeschlossen ist.

Bleibt eine solche Synchronisation auch nach längerer Zeit aus, sollten Sie sich mit Ihrem ADSL-Anbieter in Verbindung setzen, damit der ADSL-Anschluss gegebenenfalls durch einen Reset aktiviert wird. Eine solche Deaktivierung bei Nichtaktivität findet übrigens genauso bei einem ISDN-Anschluss statt.

Fragen, Antworten & mehr

Sie können nicht das ADSL-Modem an dieselbe Netzwerkkarte anschließen, an der auch der BNC-Anschluss benutzt wird!

Sie können an einer (Combo-)Netzwerkkarte entweder nur den BNC- oder den RJ45-Anschluss verwenden, nicht beides. Das ADSL-Modem benötigt in der Regel einen RJ45-Anschluss. Falls Sie auf ein Netzwerk mit Koaxialverkabelung zugreifen möchten und Sie den Verkabelungstyp nicht ohne weiteres ändern können oder dürfen, dann ist es am einfachsten, wenn Sie für das ADSL-Modem eine zweite Netzwerkkarte verwenden. Das muss keine interne Netzwerkkarte, sondern kann auch ein externer USB-Ethernet-Adapter sein. Falls Sie einen Einfluss auf die vorhandene Koaxialverkabelung nehmen können, dann ist es heutzutage allerdings am besten, eine Koaxialverkabelung durch eine moderne Twisted-Pair-Verkabelung mit Hub oder Switch zu ersetzen.

Was Sie dagegen tun können, wenn beim ADSL-Modem genau beim Einwahlversuch die Leuchtdiode für 10BaseT (oder 10BT) ausgeht

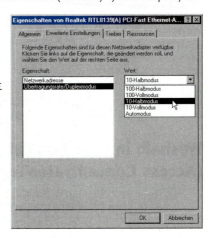

Wenn alles sonst okay ist, liegt das 100%ig daran, dass die Netzwerkkarte zum ADSL-Modem nicht die geforderten Ethernet-Daten (10 MBit/s/half duplex) abschickt. Abhilfe schafft hier, die Netzwerkkarte manuell auf 10 MBit/s – half duplex einzustellen.

Unter *Systemsteuerung/Netzwerk/Konfiguration* finden Sie bei den *Eigenschaften* Ihrer Netzwerkkarte in der Regel die Möglichkeit, manuell auf die Betriebsart 10 MBit/s – half duplex einzustellen. Die Bezeichnungen dafür sind unterschiedlich. Hier heißt die Formulierung *10-Halbmodus*.

T-DSL & ADSL - 145

Fragen, Antworten & mehr

Bei manchen Ethernet-Karten gibt es die manuelle Option *TP-ohne Linkcheck* o. Ä. Falls Sie aus den vorhandenen Optionen nicht schlau werden, können Sie ja alle Optionen, in denen nicht 100 (100 MBit/s) steckt, einfach durchprobieren, bis es klappt. Falls beim Netzwerkkartentreiber diese wichtige Einstellung fehlt, könnte es Erfolg bringen, nicht den betriebssystemeigenen Treiber, sondern den Netzwerkkartentreiber des Herstellers zu benutzen.

Warum Windows behauptet, dass Sie bei einer ADSL-Einwahl nur 64.000 bps schnell sind

Es gibt PPPoE-Lösungen für das DFÜ-Netzwerk, die unter Windows eine Geschwindigkeit von 64.000 bps anzeigen, z. B. das PPPoE-Protokoll der Firma Engel (www.engel-kg.com) unter Windows 9x, der so genannte Engeltreiber.

Das ist ein Schönheitsfehler in der Darstellung, der sich nicht auf die ADSL-Performance auswirkt. Der beste Beweis für volle ADSL-Leistung Ihres ADSL-Anschlusses ist einfach ein Downloadtest, dessen Downloadrate deutlich über 64.000 bps liegt.

Warum Windows behauptet, dass Sie eine Geschwindigkeit von 10 MBit/s haben, obwohl Ihr ADSL viel langsamer ist

Wenn Windows die Geschwindigkeit von 10 MBit/s bei einer ADSL-Verbindung anzeigt, ist das nur die Standardgeschwindigkeit einer Ethernet-Netzwerkkarte. Das hat nichts mit der Leistung Ihres ADSL-Anschlusses zu tun. Bei einer ADSL-Einwahl mit einem USB-Ethernet-Adapter wie dem EA101 von Netgear wird Ihnen übrigens da eine Geschwindigkeit von 6 MBit/s angezeigt. Woher soll denn Windows wissen, dass Sie bei Ihrem ADSL nur eine Downloadrate von z. B: 768 KBit/s vom ADSL-Anbieter zur Verfügung gestellt bekommen? Die heutigen ADSL-Modems können viel höhere Geschwindigkeiten leisten. Eine Beschränkung in der Downstream-Geschwindigkeit wird durch die ADSL-Vermittlungsstelle bewirkt und nicht durch das ADSL-Modem selbst.

Weshalb in manchen Fällen bei RasPPPoE kein ADSL-Test (Access Concentrator-Test) funktioniert

Es kann bei einer installierten RasPPPoE-Version beim Wechsel einer Netzwerkkarte oder beim Hinzukommen einer zweiten Netzwerkkarte dazu kommen, dass

Fragen, Antworten & mehr

RasPPPoE eine alte Netzwerkkarte, die gar nicht mehr vorhanden ist, benutzen möchte und nicht mehr loslässt.

Ein einfacher Trick bringt hier Abhilfe: Entfernen Sie die vorhandenen Netzwerkkomponenten und installieren Sie sie neu einschließlich der mehrfachen Bindungen an das PPP over Ethernet Protocol.
Rufen Sie dann *RasPPPoE.exe* auf und wählen Sie die richtige Netzwerkkarte aus. Der Access Concentrator-Test funktioniert dann in der Regel. Anschließend sollten Sie die unnötigen Bindungen an das PPP over Ethernet Protocol (RasPPPoE) entfernen.

Ansonsten gibt es leider keine pauschale, einfache Antwort, weshalb die obige Fehlermeldung *RASPPPOE - No Service Offers Received* erscheint. Dafür kann es viele Gründe geben. Typische Verursacher sind:

- Das ADSL-Modem ist nicht richtig über den ADSL-Splitter an die Telefonleitung angeschlossen. Die ADSL-Technik ist nicht richtig verkabelt und einsatzbereit. Achten Sie darauf, dass Sie bei einem ADSL-Modem mit einem so genannten ATM-Anschluss nicht versehentlich das Kabel dort anschließen.

- Das Twisted-Pair-Kabel ist nicht richtig verdrahtet, verkabelt oder ist beschädigt von der Ethernet-Schnittstelle des ADSL-Modems zur Netzwerkkarte in oder an Ihrem PC. Oder das Kabel ist gar nicht in die RJ45-Buchse der Netzwerkkarte, sondern z. B. in die einer ISDN-Karte gesteckt worden. ISDN-Karten haben denselben Anschluss (RJ45) wie Netzwerkkarten.

- Die Netzwerkkarte funktioniert nicht richtig oder liefert nicht die benötigte Geschwindigkeit von 10 MBit/s – half duplex.

- Das DFÜ-Netzwerk ist nicht oder nicht richtig installiert.

- Der ADSL-Anbieter hat technische Probleme.

Fragen, Antworten & mehr

Weshalb in der Regel beim RasPPPoE als Telefonnummer eine 0 steht

Eine Telefonnummer wird für ADSL nicht gebraucht, da ADSL eine Standleitungs- und keine Telefonverbindung ist.

Da der RasPPPoE das DFÜ-Netzwerk nur mitbenutzt, können Sie es bei Windows 98 oder Windows ME gar nicht verhindern, dass es eine fehlende Telefonnummer nicht akzeptiert. Sie müssen also mindestens ein Zeichen als Telefonnummer eingeben, z. B. eine 0. Das ist in der Regel nur ein Dummy.

> **Info**
>
> **Was unter der Telefonnummer noch konfiguriert werden kann**
>
> Der Bereich für die Telefonnummer wird bei PPPoE-Protokollen, die auf das DFÜ-Netzwerk aufsetzen, meistens dafür genutzt, um einen bestimmten Access Concentrator bzw. Service auszuwählen. Beim RasPPPoE geschieht das in der Form *Access Concentrator\Service*. Diese speziellere Angabe ist nur bei bestimmten ADSL-Providern wichtig.

Was Sie bei einer ADSL-Einwahl unter Windows 95 beachten sollten

Der TCP/IP-Anteil von Windows 95 ist in seiner Originalversion stark veraltet. Sie sollten deshalb mindestens ein Update des Winsock/Winsock2 und auch des DFÜ-Netzwerks auf die Version 1.3 machen. Das DFÜ-Netzwerk-Update 1.4 ist nur für eine bessere VPN-Unterstützung (128 Bit) erforderlich.

Falls Sie eine ADSL-Einwahl mit PPP over Ethernet über das DFÜ-Netzwerk vornehmen möchten, können Sie RasPPPoE von R. Schlabbach nicht verwenden. Alternative PPPoE-Treiber sind dann z. B. cFos, WinPoET, Enternet 300 oder der Engeltreiber.

So installieren Sie das DFÜ-Netzwerk richtig

Leider passiert es häufiger, dass eine erfolglose ADSL-Einwahl nur an einem nicht oder falsch installierten DFÜ-Netzwerk liegt. Am besten deinstallieren Sie das DFÜ-Netzwerk und installieren es sauber neu:

Fragen, Antworten & mehr

1 Dazu klicken Sie auf *Start/Einstellungen/Systemsteuerung/Software* und wählen das zweite Register *Windows Setup* aus. Dort befindet sich unter *Verbindungen* unter anderem das DFÜ-Netzwerk, das auch den möglicherweise fehlenden DFÜ-Adapter enthält. Klicken Sie nun auf *Details*, können Sie das DFÜ-Netzwerk neu installieren.

2 Klicken Sie gegebenenfalls den Haken bei *DFÜ-Netzwerk* weg, um das DFÜ-Netzwerk zu deinstallieren. Damit ist ein möglicherweise unvollständig installiertes DFÜ-Netzwerk entfernt. In einem zweiten Schritt installieren Sie an derselben Stelle durch einen Haken erneut das DFÜ-Netzwerk.

Alternativ können Sie den DFÜ-Adapter auch als Netzwerkkarte des Herstellers *Microsoft* installieren.

So installieren Sie das virtuelle private Netzwerk(VPN)

Für eine ADSL-Einwahl mit dem VPN-Protokoll benötigen Sie das virtuelle private Netzwerk (VPN) von Microsoft, das so genannte PPTP-Protokoll, das bei einigen ADSL-Varianten zur ADSL-Einwahl benutzt wird.

Fragen, Antworten & mehr

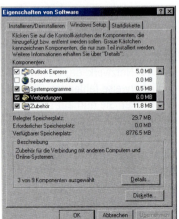

1 Dazu klicken Sie auf *Start/Einstellungen/Systemsteuerung/Software* und wählen das zweite Register *Windows Setup* aus. Dort klicken Sie bei *Verbindungen* auf *Details*.

2 Hier finden Sie das *Virtuelle private Netzwerk* von Microsoft. Danach sehen Sie die typischen VPN-Netzwerkkomponenten unter *Start/Einstellungen/Systemsteuerung/Netzwerk/Konfiguration*.

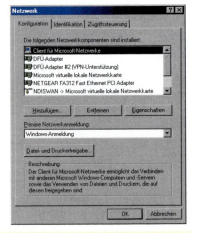

Wann das VPN wirklich gebraucht wird

Für eine einfache ADSL-Einwahl mit PPP over Ethernet (PPPoE) über das DFÜ-Netzwerk zur reinen Internetbenutzung brauchen Sie nicht das virtuelle private Netzwerk von Microsoft. Wenn spezielle Einwahlsoftware das VPN installiert, ist davon auszugehen, dass sie dann auch ein echtes VPN braucht. Sie können natürlich auch bei ADSL mit PPPoE-Einwahl wie bei Arcor-DSL, T-DSL und vergleichbarem ADSL ein

Fragen, Antworten & mehr

zusätzliches VPN aufbauen. Nur verwenden Sie dann den VPN-Anteil nicht zum Surfen, sondern um vertrauliche Daten über das unsichere Internet auszutauschen. Sie werden feststellen, dass im Abschnitt „Einwahl mit Bordmitteln" zur einfachen ADSL-Einwahl mit PPPoE kein VPN installiert ist.

Wie Sie einen fehlenden Uplink-Port um Hub ersetzen

Wenn Sie an Ihrem Hub keinen Uplink-Port haben, um daran z. B. das ADSL-Modem anzuschließen, können Sie dazu ein Twisted-Pair-Kabel mit zum Anschlusskabel gekreuzter Belegung benutzen, um es an einen beliebigen normalen Hub-Port anzuschließen. Angenommen, Ihr ADSL-Modem wird mit einem glatten Twisted-Pair-Kabel (1:1 verdrahtet, siehe weiter oben) an die Netzwerkkarte angeschlossen, dann können Sie es einfach mit einem Crossover-Kabel an einen normalen Hub-Port anschließen.

Wenn Ihr ADSL-Modem mit einem Crossover-Kabel an die Netzwerkkarte angeschlossen werden muss, verwenden Sie einfach ein glattes Kabel am Hub-Port. Welches Twisted-Pair-Kabel das Originalanschlusskabel (für die Netzwerkkarte) für Ihr ADSL-Modem ist, ist nicht immer einheitlich; das erfahren Sie in von Ihrem ADSL-Anbieter oder testen es einfach, wie das weiter oben unter „Was ist der Unterschied zwischen einem normalen Twisted-Pair-Kabel und einem Crossover-Kabel, und wie können Sie beide Kabel bereits äußerlich unterscheiden? erläutert wurde.

Vorsicht bei einem festen Uplink-Port und seinem Nachbarport

Es gibt Hubs, wo der Uplink-Port als zusätzlicher Port neben einem Nachbarport vorhanden ist, aber mit einer zu diesem Port gekreuzten Belegung. (Das ist ja nur der Unterschied des Uplink-Ports zu einem normalem Port.) In diesem Fall bedeutet das aber, dass Sie beide Ports nebeneinander gar nicht zusammen verwenden können. Sie gelten nur als ein einziger Port.

So vermeiden Sie Wechselwirkungen bei einer ADSL-Verteilung durch einen Hub

Die oben erwähnte ADSL-Verteilung mit einem Hub funktioniert in der Regel für alle ADSL-Varianten störungsfrei, solange Sie nur jeweils einen PC, z. B. im Hobbyzimmer, Arbeitszimmer und Wohnzimmer, eingeschaltet haben.

Bei der Frage, inwieweit ansonsten Wechselwirkungen auftreten können, ist die verwendete ADSL-Variante entscheidend.

Fragen, Antworten & mehr

ADSL-Variante	Wechselwirkung und mögliche Behebung
PPPoE	Falls Sie mit dem Hub nur ADSL verteilen und kein zusätzliches Heimnetzwerk zum gemeinsamen Nutzen von Dateien und Druckern betreiben möchten, sollten Sie darauf achten, dass Sie die TCP/IP-Bindung an die Netzwerkkarte (TCP -> Netzwerkkarte) auf allen PCs, die ADSL benutzen möchten, entfernen, wie das bereits in vorherigen Abschnitten mehrfach erläutert wurde.
	Wenn Sie neben ADSL auch noch ein Heimnetzwerk betreiben möchten, können Sie die letzte TCP/IP-Einstellung (entfernte Bindungen an die Netzwerkkarte) auf allen PCs beibehalten, wenn Sie Ihr Heimnetzwerk über ein anderes Netzwerkprotokoll betreiben möchten, z. B. NETBEUI, was den Vorteil hat, dass es sehr schnell und nicht Routing-fähig ist. Netzwerkprotokolle, die im Internet weitergeleitet (geroutet) werden sollen, müssen Routing-fähig sein. NETBEUI ist es nicht.
	Falls Sie Ihr Heimnetzwerk auch mit dem TCP/IP-Protokoll betreiben möchten, dürfen die IP-Adressen der einzelnen Netzwerkkarten natürlich nicht immer z. B. 192.168.1.1 – wie bei der Bordmitteleinwahl erläutert – sein, sondern natürlich für jeden PC verschieden, z. B. 192.168.1.1, 192.168.1.2 etc. (Bei der Verwendung der Internetverbindungsfreigabe nehmen Sie nur das Teilnetz 192.168.0.*). Mit dieser Konfiguration können Sie auch einen PC bestimmen, der als so genannter ADSL-Server allen anderen PCs Internet zur Verfügung stellt.
	Neben diesen möglichen Wechselwirkungen bedeutet die reine Verteilung eines ADSL-Anschlusses aber nicht, dass Sie damit mit mehreren PCs gleichzeitig surfen können. Das ist in der Regel bei ADSL nicht möglich, außer Ihr ADSL-Provider erlaubt eine so genannte Mehrfacheinwahl. Wenn bei ADSL immer eine Mehrfacheinwahl zur gleichzeitigen Internetbenutzung möglich und mit keinen nennenswerten Nachteilen, z. B. zu hohe Kosten, verbunden wäre, dann könnte ich mir einen so aufwendigen Abschnitt über „ADSL auf mehreren PCs gleichzeitig nutzen: Voraussetzungen" sparen, wenn Sie mal davon absehen, dass Sie bei dieser Mehrfacheinwahl keine zentrale Firewall haben.
PPTP	Hier bekommen Sie auf jeden Fall eine Fehlermeldung, wenn Sie immer die typische IP-Adresse 10.0.0.140 nehmen, sollten mehrere PCs gleichzeitig einschaltet sein.
Ohne weiteres Protokoll	Falls Sie nur eine IP-Adresse fürs Internet über einen DHCP-Server erhalten, besetzt der erste PC diese, und den restlichen steht keine mehr zur Verfügung. Wenn also immer nur ein PC gleichzeitig eingeschaltet ist, ist das problemlos. Wenn die IP-Adresse fürs Internet durch einen PC bereits benutzt wird, dann warten andere PCs vergeblich auf eine Zuteilung. Das könnte bei diesen PCs Hänger und Wartezeiten bewirken. Dieses Verhalten können Sie sofort dadurch abstellen, dass Sie vorübergehend eine feste private IP-Adresse und Subnetzmaske, z. B. 192.168.1.1 oder ähnlich, zuweisen. Diese Zuweisung können Sie durch einen kurzen Klick jederzeit wieder entfernen.
	Falls Sie mehrere feste IP-Adressen fürs Internet besitzen, weisen Sie diese Ihren PCs einfach fest zu. Damit besitzen Sie aber keine zentrale Firewall und müssen sich um jeden PC einzeln kümmern.

Fragen, Antworten & mehr

Der Anschluss des ADSL-Modems an einen Hub ist generell nicht das A und O!

Weil die Benutzung eines ADSL-Anschlusses mit einem Hub ohne einen PC mit zwei Netzwerkkarten oder einem ADSL-Router einfach und auch beliebt ist und ich sowieso nicht verhindern kann, dass Sie sie anwenden, habe ich Ihnen erläutert, was Sie dabei beachten sollten. Ich möchte Ihnen aber nicht verschweigen, dass diese Methode beim Einsatz eines großen Netzwerks nicht die optimale Lösung ist (lediglich bei wenigen PCs im Privatbereich, die möglicherweise nur nacheinander, nicht gleichzeitig eingeschaltet werden).

Dafür gibt es mehrere klassische Gründe:

- Das funktioniert nicht für alle ADSL-Varianten störungsfrei, wie Sie im vorherigen klar erkennen können.
- Das verursacht ein so genanntes Blindlastproblem und viele Kollisionen, was die Performance im LAN oder des ADSL-Anschlusses verringern kann.
- Es fehlt unter Umständen eine zentrale Firewall.
- Es gibt keine saubere Trennung des LAN (Heimnetzwerk) vom WAN (Internet). Das ist ein wichtiger Faktor bei tiefer gehenden Sicherheitsaspekten und den unteren Schichten (Layern) von Netzwerkprotokollen. Die ADSL-Aktivitäten können am Hub von anderen LAN-Teilnehmern belauscht (gesnifft!) werden.

Stichwortverzeichnis

Symbole
100BaseTX 143
10BaseT 32, 143

A
Access Concentrator-Test 146
ADSL
    Beauftragung 22
    Definition 11
    Schwäche von 13
    über analoger Telefonleitung 25
    über ISDN 24
    Verfügbarkeitsprüfung 13
ADSL over ISDN 26
ADSL over POTS 26
ADSL-Einwahl
    unter Windows 98/ME/2000 52
    unter Windows XP 57
ADSL-Funktionstest 48, 55
ADSL-Modem
    Ansteuerung 15
    extern 14
    intern 15
ADSL-Router 129
    Anschluss 130
    mit Wireless-LAN 131
    Ports erweitern 132
ADSL-Server 118
AGP-Slot 40
AnalogX 120
AOL (DSL) 51, 131
Arbeitsgruppe 46, 122
arp 72
ATM-Anschluss 15

B
BBAE 29
BIOS 33
BNC-Anschluss 145

C
CAPI 110
CAPI-Porttreiber 110
CAT 5 31
CAT 5 115
CE-Konformität 30
Clients 118
Crossover-Kabel 24, 143

D
Deutsche Telekom 12
DFÜ-Adapter
    IP-Paketgrößen 98
    VPN-Unterstützung 99
DFÜ-Netzwerk installieren 148
DHCP 81
Dial on Demand 124
Downloadrate 85
    analysieren 85
    durchschnittliche 86
DSL-Flatrate 22
Dualspeed-Hub 115
DUN 1.3 148
DUN 1.4 148
Dynamische IP-Adresse 106
DynDNS 106

E
Eingabeaufforderung 112
Elektrostatische Aufladung 39
Energiesparmodus 83
Ethernet-Belegung 143
Euro File Transfer 110

F
Fastinternet 110
FAT32 66
Fileserver 65
Firewall
    ADSL-Router 139
    natürliche 132
FRITZ!Data 103, 110
FRITZ!web 109
Funknetzwerk, Sicherheit 17
Funknetzwerkkarte
    für Laptop 37
    zum Einbauen 38

Stichwortverzeichnis

G

Gameserver 136
GetRight 102
Glasfasernetz 14
Glattes Kabel 143
Gnutella 107
Go!Zilla 101

H

half duplex 145
Hardwarerouter 117
Hop 112
Hub 38, 114
Hub-Port 114

I

IANA 48
ICS 125
ICS, Installation 125
ICSConfig *133*
IEEE 802.11b, Sicherheit 17
Interleaving 111
Internetverbindungsfirewall 60, 67
Internetverbindungsfreigabe 125
IP-Adresse 47
IP-Adresse, private 47
IP-Forwarding 132
IP-Headerkomprimierung 76
IP-Paketgröße
    ändern 98
    bei Fastinternet 110
    falsche 110
ipconfig 72
IPSec 99
IRQ freimachen 42
IRQ-Probleme 41
ISDN-NTBA 27

J

JanaServer 120

K

Kabelverlängerungen 30
Kategorie 5 .... 31, 115
KeepAliveTimeout 101
KEN!DSL 138
Kollisionen 153

L

L2TP 99
Laptop
    ADSL über Funk 37, 131
    USB-Anschluss 33
Line Sync-LED 28

M

Morpheus 107, 133
MS-DOS-Eingabeaufforderung 112
MS-signierter Treiber 45
MSS-Clamp-Funktion 136
MTU-Probleme 95

N

Napster 107
NAT 130
nbtstat 72
NDIS-Bugfix 79
NetBIOS-Ports 72
NetMeeting 133
netstat 71
Network Address Translation 130
nslookup 72
NTBA 24, 27
NTBBA 29
NTFS 66

O

Onlinespiele 111, 135

P

PCAnywhere 103, 110
    Dateiaustausch 105
    Host 103
    Ports 104
    über Internet 105
PCI-Steckkarte einbauen 39
PCMCIA und ADSL 38
PCMCIA-Netzwerkkarte 36
Peer-to-Peer-Netzwerk 107
Personal Firewall 63
Personal Firewall, bei Windows XP 67
ping 72
Pingbefehl 112
Pingtest 119
Pingzeiten, Gameserver 112

T-DSL & ADSL - 155

Stichwortverzeichnis

POET 48
Port-Forwarding 132
    bei einem ADSL-Router 134
    bei ICS 133
    bei Onlinespielen 135
Portscan
    durch Tools 72
    im Internet 70
POTS 26
Power Management 83
PPP over Ethernet 49
PPPoE 49, 141
PPPoE-Treiber 51
PPTP 99
PPTP-RAS-Server 108
Primäre Netzwerkanmeldung 46
Proxyport 137
Proxyserver 117
Proxyservercache 117

R

RAS-Server 108
RasPPPoE
    unter Windows 98/ME/2000 52
    unter Windows XP 60
RJ11 28
RJ45 .... 15, 24, 143
Router 38, 117
RWIN bei Windows 95 96

S

Segmented Downloading 102
Sicherheit durch ADSL-Router 139
Sniffen 153
Softwarekomprimierung 75
Softwarerouter 117
Splitter 14
Standardverbindung 124
straight 143
Subnetzmaske 47
Switch 38
Sybergen 67
Sygate 138
Sygate Personal Firewall 67, 68
Synchronisation
    erfolglose 30
    erfolgreiche 28, 30
Systemmonitor

    bei Windows 2000 91
    bei Windows 9x/ME 87
    Downloadrate messen 88
    Uploadrate messen 89

T

T-DSL 12
T-DSL-Störungsliste 100
T-Online-Einwahl 141
TAE 20
Tag der Offenen Tür 63
tracert 72, 112
TTL 97
Twisted-Pair-Kabel 114

U

Uplink-Port 114, 151
USB-Ethernet-Adapter 32
USB-Stammhub 34, 35
USB-Unterstützung aktivieren 33

V

Virtual Private Networking 99
VPN 99
VPN (PPTP) installieren 149
VPN-Adapter 108
VPN-Client 107
VPN-Server 108
VPN-Unterstützung 107

W

WebWasher 120
WEP-Kodierung, Sicherheit 17
winipcfg 72

Z

ZoneAlarm 67, 139
ZoneAlarm, lokale Zone erweitern 105
Zwangstrennung 101

▶▶▶ Wenn Sie an dieser Seite angelangt sind ...

dann haben Sie sicher schon auf den vorangegangenen Seiten gestöbert oder sogar das ganze Buch gelesen. Und Sie können nun sagen, wie Ihnen dieses Buch gefallen hat. Ihre Meinung interessiert uns!

Uns interessiert, ob Sie jede Menge „Aha-Erlebnisse" hatten, ob es vielleicht etwas gab, bei dem das Buch Ihnen nicht weiterhelfen konnte, oder ob Sie einfach rundherum zufrieden waren (was wir natürlich hoffen). Wie auch immer – schreiben Sie uns! Wir freuen uns über Ihre Post, über Ihr Lob genauso wie über Ihre Kritik! Ihre Anregungen helfen uns, die nächsten Titel noch praxisnäher zu gestalten.

▶▶▶ Ihre Ideen sind gefragt!

Vielleicht möchten Sie sogar selbst als Autor bei

DATA BECKER

mitarbeiten?

Wir suchen Buch- und Software- Autoren. Wenn Sie über Spezial-Kenntnisse in einem bestimmten Bereich verfügen, dann fordern Sie doch einfach unsere Infos für Autoren an.

▶▶▶ Bitte einschicken an:
DATA BECKER GmbH & Co. KG
Postfach 10 20 44
40011 Düsseldorf

Sie können uns auch faxen:
(02 11) 3 19 04 98

Was mir an diesem Buch gefällt: _____

Das sollten Sie unbedingt ändern: _____

Kommentar zur SchnellAnleitung: _____

442 212

☐ Ja   Ich möchte DATA BECKER Autor werden. Bitte schicken Sie mir die Infos für Autoren.

☐ Ja   Bitte schicken Sie mir Informationen zu Ihren Neuerscheinungen

Name, Vorname _____

Straße _____

PLZ, Ort _____

DATA BECKER
Internet: http://www.databecker.de

▶▶▶ Mit Höchstgeschwindigkeit durchs Netz brausen!

Wenn Sie endlich ohne Tempolimit durchs Internet surfen möchten, hilft Ihnen dieses Nachschlagewerk mit aktuellen Tipps, sofort umsetzbaren Lösungen weiter.

Präzise und leicht verständlich vermittelt "der" deutsche DSL-Guru die Grundlagen der zukunftweisenden Highspeed-Technologie. Von der benötigten Hard- und Software über die wichtigsten Sicherheitsaspekte bis hin zur fehlerfreien Installation räumt er alle Stolpersteine aus dem Weg. Anhand klarer Anleitungen mit anschaulichen Illustrationen wird die Anbindung mehrerer Rechner ans Netz der Zukunft ebenso zum Kinderspiel wie die individuelle Konfiguration und das komfortable Surfen in atemberaubender Geschwindigkeit.

- *Grundlagen und Möglichkeiten der xDSL-Technologie*
- *Benötigte Hardware und Software im Überblick*
- *Individuelle Installation und Konfiguration*
- *Problemorientierte, direkt umsetzbare Praxisanleitungen*

Peter
**Das große Buch
T-DSL und ADSL**

599 Seiten
DM 59,95 (€ 30,65)
ISBN 3-8158-2154-1

nur **DM 59,**⁹⁵

DATA BECKER

Versandkostenfrei bestellen im Internet: www.databecker.de

▶▶ Flash-Attack: Neuer Schwung für Ihre Website!

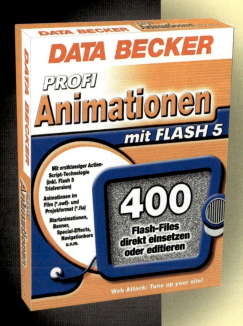

**Profi-Animationen
mit Flash 5**

unverb. Preisempfehlung:
CD-ROM, DM 49,95 (€ 25,54)
ISBN 3-8158-6748-7

Systemvoraussetzungen:
Pentium® 233, Win Me/ 2000/98(SE)/95/NT4,
64 MByte RAM, High-Color-Grafikkarte
(16 Bit) mit 800x600 Auflösung,
16-Bit-Soundkarte, Internetzugang

nur DM 49,95

Diese fantastische Kollektion dynamischer Profi-Animationen macht Ihren Internet-Auftritt zur Kultseite. Da die Animationen als Film- und Projektdatei vorliegen, können Sie sie direkt einsetzen oder mit Flash 5 (Trialversion auf CD) bearbeiten.

Ohne nervige Installation können Sie direkt den Browser mit Vorschaufenster starten und sich von den übersichtlich nach Kategorien sortierten Animationen begeistern lassen. Kenner werden die erstklassige Technologie der Action Scripts zu schätzen wissen. Was gefällt, kann als Film- oder Projektdatei per Knopfdruck auf die Festplatte kopiert und bearbeitet oder direkt im Internet eingesetzt werden. Das Angebot deckt das gesamte aktuelle Spektrum mit Flash 5 animierter und interaktiver Homepage-Elemente ab: Startanimationen, Banner, Buttons, Special-Effects, Navigationsbars u.v.m. in kultigen, von Gurus der internationalen Flashworker-Scene entworfenen Designs.

DATA BECKER

Tools, Trials und Demos unter:
www.flash-attack.de

▶▶▶ Der entscheidende Flash für Ihre Websites!

Gradias
Das große Buch Flash 5
510 Seiten, inkl. CD-ROM
DM 69,95
ISBN 3-8158-<u>2044</u>-8

nur DM 69,95

Frei bewegliche Animationen und 3D-Effekte dürfen momentan auf keiner professionell gestalteten Webpage fehlen. Aber wie gelingt die Umsetzung dieser zum Teil äußerst komplexen Elemente?

Mit diesem konsequent praxisorientierten Nachschlagewerk erhalten ambitionierte Web-Designer (und alle, die es schnell und einfach werden möchten) viele anwendungsorientierte und direkt umsetzbare Hilfestellungen. Dabei wird auf funktionsorientierte Beschreibungen weitestgehend verzichtet, denn hier stehen die kreative Praxis und damit auch das Projekt immer im Mittelpunkt des Geschehens. Wie Flash 5 eigentlich funktioniert, erfahren Sie in diesem Buch praktisch nebenbei.

- **Flash-Design von A bis Z**
- **Attraktive Objekte, Symbole, Masken etc. selbst gemacht**
- **Import externer Grafiken**
- **Filmsequenzen gekonnt mit ActionScript steuern**

DATA BECKER

Versandkostenfrei bestellen im Internet: www.databecker.de